AF368262

P. A. LAVAL

COMÉDIEN,

A

M. J. J. ROUSSEAU,

CITOYEN DE GENÈVE.

Sur les raisons qu'il expose pour refuter
M. d'Alembert, qui dans le VII. Volume
de l'Encyclopédie, Article Genève, prouve que l'établissement d'une Comédie dans
cette Ville y feroit réunir la sagesse de
Lacédémone à la politesse d'Athénes.

Est modus in rebus, sunt certi denique fines
Quos ultrà, citràque, nequit consistere rectum.

A LA HAYE.

M. DCC. LVIII.

AU LECTEUR.

Q UAND on parle raiſon & qu'on
dit la vérité, on eſt perſuadé d'être
favorablement accueilli. En douter, c'eſt
faire injure au Public. Auſſi ne me met-
trai-je point humblement à genoux dans
une Préface pour réclamer l'indulgence du
Lecteur. Le fonds de mes raiſonnemens
eſt vrai, juſte & ſolide ; en voilà aſſez
pour mériter ſon approbation. Ai - je eu
l'art d'y joindre la délicateſſe & l'agré-
ment du ſtyle ? ce n'eſt pas à moi à en
juger. Si mon livre ennuye, j'aurai beau

ã

prier qu'on le life, on n'en fera rien : s'il plaît, à quoi bon affeêter une inutile modeftie ? Dois-je cependant refufer à l'amour propre un tribut qui lui eft dû, & qu'on lui prodigue quelquefois avec d'autant plus de fatuité, qu'on paroît déterminé à ne le lui point accorder ? Je hais la diffimulation, & je penfe tout haut. C'eft donc pour moi - même que je préviens du peu de tems que j'ai mis à compofer ce petit volume. Pourquoi, me dira-t-on, vous étre fi fort précipité ? Le Public ne vaut-il pas bien la peine que vous limiez ce que vous ofez lui préfenter? Qui en doute? & qui doit connoître mieux qu'un Comédien tout le refpeêt qu'on doit

*à ce Public ? Si je n'ai pas mis la der-
niere main à mon ouvrage , ce n'eſt ni
par négligence , ni par caprice , ni par
défaut de reſpeƈt ; il falloit arrêter promp-
tement le poiſon dont j'appercevois les
ſymptomes. Il eut été bien plus flateur
pour moi de préſenter l'antidote ſous une
forme agréable. J'ai ſacrifié mon intérêt
perſonnel à celui de tous mes camarades.
Dix-ſept jours m'ont ſuffi pour compo-
ſer mon Manuſcrit , & pendant cet in-
tervalle je n'ai pas laiſſé de rem-
plir mes devoirs. Si l'on rencontre
quelques fautes d'impreſſion , c'eſt une
ſuite de la promptitude avec laquelle les
Ouvriers ont travaillé , je crois pourtant*

ā ij

qu'elles y font affez rares ; & j'ai fait
mettre à la fin du Volume un Errata
pour corriger les plus groffieres.

Je n'ai point entrepris de refuter Mr.
Rouffeau en matiere de Religion ; j'ai
peut-être affez d'étude de Théologie pour
avoir pû hazarder la difpute. Si je ne
l'ai pas ofé, c'eft moins par la crainte
de fuccomber fous la force de fes Argumens, que par vénération pour ce qui en
fait le fujet. Il n'auroit pas fallu d'ailleurs être fort favant pour le terraffer à
cet égard. J'aurois eû pour moi la vérité.
Que le menfonge eft foible devant elle !
J'ai donc appréhendé de mêler des Differtations de Dogme à l'examen des piéces

de Théatre , je crois avoir eu raison.

Au surplus , quand je dis qu'il m'eût été facile de convaincre mon adverfaire, qu'il raifonne plus mal fur la Théologie , ou du moins plus dangereufement qu'il ne fait fur la Comédie , je ne prétends point parler de Controverfe , ni attaquer les Religions adoptées. Ce n'eft point mon affaire. Content de la mienne , je ne déclame contre celle de perfonne ; mais je dis qu'il n'auroit pas été fort difficile de s'élever avec avantage contre un homme qui fappe les fondemens de toute efpece de Religion Chrétienne en aboliffant la Foi.

Quand un homme ne peut croire ce

qu'il trouve abfurde, ce n'eſt pas ſa faute, c'eſt celle de ſa raiſon ; & comment
concevrai-je que Dieu le puniſſe de ne
s'être pas fait un entendement contraire
à celui qu'il a reçu de lui?

Si l'on ne voit pas là dedans l'anéan-
tiſſement de la foi, & le principe de l'in-
crédulité dans le refus de l'intelligence que
le Créateur fait à ſa créature, c'eſt qu'on
ne voudra pas le voir. Quelles conſéquen-
ces faudroit-il tirer de-là ?

Je ne ſuis pas plus ſcandaliſé que ceux
qui ſervent un Dieu clément rejettent
l'Eternité des peines, s'ils la trouvent incompatible avec ſa juſtice. Qu'en pareil
cas ils interprétent de leur mieux les Paſ-

fages contraires à leur opinion, plutôt que de l'abandonner, que peuvent-ils faire autre chofe ?

Ainfi chacun va être le maître des articles de foi les plus importans, en interprétant à fa guife les Paffages de l'Écriture. Cette morale n'eft pas plus admife à Genève qu'à Paris, & tout bon Proteftant, comme tout bon Catholique, ne fe permettra jamais des fentimens fi contraires à la croyance qu'on doit aux Myfteres de Foi, quoiqu'ils paroiffent incompatibles avec les lumieres de notre foible raifon. Le Calvinifte & le Romain font perfuadés qu'ils doivent adorer un Dieu en trois Perfonnes, ils ne compren-

nent pourtant ni l'un ni l'autre comment trois ne font qu'un. . . . . ?

Mais je tombe dans l'inconvénient que je voulois éviter, je m'en repens, & je me tais.

P. A.

P. A. LAVAL

A

M. J. J. ROUSSEAU,

CITOYEN DE GENÈVE.

FAUT-IL avoir autant d'efprit que vous, MONSIEUR, pour répondre à l'Ouvrage que vous venez de donner au Public avec la noble & généreufe intention de dénigrer des gens qui ne vous ont fait aucun mal? Non fans doute : il fuffit, je crois, de l'avoir bon. Sous le mafque fpécieux du patriotifme, vous vous croyez en droit d'exhaler une bile odieufe, & pour prouver que l'établiffement de la Comédie à Genève y feroit nuifible, vous taxez tous les Acteurs d'être infolens, vicieux, fourbes & frippons. Voilà le précis de votre Livre.

A ij

Avouez de bonne foi que si vous aviez pu par votre seule accusation inspirer vos sentimens d'aigreur à tout le monde, vous vous seriez dispensé de travailler à prouver que la Comédie ne peut absolument pas être une École de bonnes mœurs. Il a fallu envelopper la calomnie, & pour lui donner plus de cours, vous vous êtes avisé d'accumuler des principes faux dont vous avez tiré de frivoles conséquences. Vous les avez exposé avec tout l'art & toute l'élégance dont votre plume est capable. Vous en avez enfin composé un Volume de 264. Pages, qui pourroit bien faire réjaillir sur son Auteur un vernis de méchanceté, en échange de celui dont il a fait usage pour flétrir des gens à talens, qu'un préjugé déjà trop barbare autorise le menu peuple à mépriser.

Ne pensez pas, MONSIEUR, que je veuille devenir l'apologiste de la Comédie & des Comédiens, je pourrois peut-être avec raison l'être de l'une, je ne veux pas l'être des autres. Dépouillé de toute espece de prévention à cet égard, je sens le vuide du Spectacle, comme j'en connois l'utilité. Je suis

également impartial fur la Profeffion du Comédien ; mais loin de la regarder comme;
infamante , je foûtiens & je prouverai qu'elle
eft honnête , utile , néceffaire même , & que
ce ne peut être que les mauvaifes mœurs du
Comédien qui la deshonorent. Ce deshonneur
lui eft commun avec toutes les autres, que les
hommes , de quelque efpece de condition
qu'ils foient , pourront rendre méprifables,
quand ils fe feront méprifer eux-mêmes.

L'état de Comédien n'auroit affurément
rien de flétriffant fi tous ceux qui l'ont embraffé dans fon principe , s'étoient comportés
comme beaucoup d'Acteurs de nos jours. Il
n'eft donc pas infâme par lui-même , & tous
ceux qui l'exercent ne font pas tels que vous
les dépeignez. Tâchons de vous démontrer
cette vérité. Si je ne fuis pas auffi correct &
auffi fleuri que vous dans mon ftyle , je ferai
plus jufte & plus vrai. On n'y rencontrera
point d'ailleurs tant de fel , parce que je n'ai
point de méchancetés à dire.

Avant d'entrer dans le détail de toutes les
raifons bonnes ou mauvaifes que vous employez à noircir les Comédiens , remontons.

à l'origine des Spectacles. Les Grecs, réputés pour les plus sages d'entre les hommes,
sont les premiers inventeurs de la Tragédie
& de la Comédie. Leurs Acteurs étoient
leurs Prêtres. Pour encourager les Spectateurs à la vertu , ils ne trouvoient rien de
plus frappant que de faire revivre sur la Scene
les Héros dont on célébroit la valeur & les
actions glorieuses. Vouloient-ils inspirer l'horreur du crime ? Ils parloient tout à la fois
aux yeux & aux oreilles , & s'exprimoient
bien plus éloquemment en représentant un
tyran occupé à consommer ses forfaits , que
s'ils s'étoient contentés d'un simple récit de
déclamateur. Voilà l'origine de la Tragédie
qui n'avoit assurément rien que de louable
dans son invention, & conséquemment ses
Acteurs loin d'être méprisables & méprisés,
étoient au contraire honorés avec beaucoup
de distinction. Ils le seroient encore aujourd'hui si la succession des temps, qui peut
avilir & dégrader les meilleures choses, n'eut
fait changer de face à cette Profession.

L'avidité du gain & la curiosité du peuple persuaderent peu à peu à des gens sans reſſource qu'ils pourroient aiſément faire le métier d'acteur. Ils ſe raſſemblerent dans les places publiques, & là élevés ſur deux treteaux, ils furent à l'égard des véritables Comédiens, ce que ſont à peu près vis-à-vis de nos Prêtres ces miſérables vendeurs d'images, qui avec une apparence de dévotion, s'érigent en Prédicateurs, & raſſemblent le menu peuple qui paye leurs ſermons par l'achat d'un St. Suaire ou d'un Cantique de St. Hubert.

La licence, la mauvaiſe foi & la crapule de ces mépriſables Baladins les rendit bientôt l'objet de la haine & du dédain public. L'ignorance leur donna le nom de Comédiens, parcequ'ils parurent dans un temps & dans des pays où ceux qui auroient pu mériter ce titre comme ſucceſſeurs & émulateurs de ceux que la Gréce avoit honorés, ne ſe rencontroient plus. (a) Cette eſpéce

---

(a) Ce n'eſt que ſous le Regne de Louis XIII. que le Théâtre prit une forme honnête en France, voilà l'époque des vrais Comédiens dans ce Royaume. Ce ne ſont point eux qui ont attiré les foudres de l'Egliſe.

de vermine se répendant insensiblement par tout , elle inspira tant d'horreur que l'opprobre en rejaillit encore aujourd'hui sur des gens dont l'état est aussi éloigné de cette infamie que nos Ecclésiastiques le sont des Prédicateurs du Pont-neuf. Cette comparaison est sans doute beaucoup trop foible encore , puisque ces vendeurs de fausses reliques, disent du moins de bonnes choses , au lieu que ces indignes farseurs se faisoient une étude d'exciter les ris de la vile populace, par des ordures, & souvent des impiétés. Voilà contre qui les Magistrats & les Prêtres ont été en droit de sévir ; l'abus du nom de Comédien chez les Anciens comme chez nous est donc sans contredit l'origine de toutes les indignités dont mille honnêtes gens sont depuis long-tems les victimes.

Il n'est pas aisé, MONSIEUR, de faire tomber un préjugé qu'une longue suite d'années a si fort enraciné contre ce nom, & que la discipline de l'Eglise autorise dans divers pays ; mais il est certain que si la Comédie & les Comédiens avoient toujours été tels qu'ils ont été dans leur origine chez les Grecs, &

qu'ils font aujourd'hui, ils n'éprouveroient point en France les rigueurs des cenfures Eccléfiaftiques, & le peuple penferoit auffi avantageufement fur leur compte que les gens éclairés. Que n'eft-il auffi facile de deffiler fur cet article les yeux du groffier public & de concilier les intérêts qui obligent différentes Puiffances à ne point retracter les cenfures qu'elles ont portées contre la Comédie, qu'il eft aifé aux Acteurs d'aujourd'hui de prouver que fi d'autres qu'eux n'avoient point porté le nom de Comédien, ils jouiroient des prérogatives que les talens doivent mériter aux hommes. (*b*)

Avant de fournir la preuve de ce que j'avance, examinons fucceffivement toutes les raifons que vous emploiez pour forcer vos Lecteurs à partager vos fentimens de mépris & d'indignation contre les Spectacles.

(*b*) Chez nos dévots ayeux le Théatre abhorré
Fut longtems dans la France un plaifir ignoré.
De pelerins, dit-on, une troupe groffiére
En public à Paris y monta la première,
Et fottement zelée en fa fimplicité
Joua les Saints, la Vierge & Dieu par pieté.

B.

» Demander , *dites-vous*, fi les Spectacles
» font bons ou mauvais en eux-mêmes , c'eſt
» faire une queſtion trop vague , c'eſt exami-
» ner un rapport avant que d'avoir fixé les ter-
» mes. Les Spectacles ſont faits pour le peu-
» ple , & ce n'eſt que par leurs effets ſur lui
» qu'on peut déterminer leurs qualités abſo-
» lues. »

Pourquoi, MONSIEUR, trouvez-vous
qu'on ne peut répondre fi les Spectacles ſont
bons ou mauvais en eux-mêmes ? Eſt-ce par
la crainte d'avouer qu'ils peuvent être bons
que vous ne voulez décider de leur valeur que
par l'impreſſion qu'ils font ſur les Spectateurs.
Il s'agit dans votre premiere propoſition de
décider s'ils font bons en eux-mêmes. Je ne
vois pas qu'il ſoit impoſſible de déterminer
leur mérite intrinſéque, avant d'avoir fixé leurs
effets. Je dis donc que les Spectacles font
bons ou mauvais en eux-mêmes , ſuivant ce
qu'ils font par leur propre nature. Un combat
de Gladiateurs qui s'égorgent eſt un mauvais
Spectacle en lui-même, parce que l'Homicide
eſt un crime. Une Courſe , une Joûte , un
Carrouſel eſt un bon Spectacle en lui-même ,

parceque l'adreffe eft une bonne qualité. La bonté de leur nature ne dépend donc pas de leurs effets, mais au contraire leurs effets dépendent de la bonté de leur nature. Ce n'eft donc point faire une queftion trop vague que de demander fi les Spectacles font bons ou mauvais en eux-mêmes. Parmi ceux qui font aujourd'hui l'ornement de la Scene, choififfez ceux où la vertu triomphe, où le vice eft puni, où le ridicule eft tourné en dérifion, vous aurez un Spectacle bon en lui-même & bon dans fes effets.

» C'eft néceffairement, *fuivant vous*, le plai-
» fir que les Spectacles donnent qui détermine
» leur efpéce & non leur utilité..... Pourvu
» que le peuple s'amufe cet objet eft affez
» rempli. »

J'en conviendrai avec vous, » lorfque je ferai affecté comme vous, lorfque je ne voudrai envifager les chofes que du côté défavantageux; mais lorfque je voudrai les pefer au poids de l'équité, je dirai que la dévife du Spectacle doit être & eft effectivement, *Utile dulci*.

» Un Spectacle, *felon vous*, ne peut être

» utile au peuple , parceque pour lui plaire ;
» il faut favorifer fes penchans , au lieu.qu'il
» faudroit les modérer. »

Je ne fuis pas bien perfuadé qu'il faille abfolument favorifer le penchant du peuple ,
pour accréditer le Spectacle , je ne confeille-
rois pas à un Auteur de fronder tout à coup
& fans précaution le goût d'une Nation , mais
je voudrois que par dégrés il l'accoûtumât à
le rectifier.

Par exemple , MONSIEUR , il eft certain que le Théatre de Londres eft, pour ainfi
dire , une boucherie. Penfez-vous qu'une
bonne Tragédie où l'on ne verroit pas ruiffe-
ler le fang fur la Scene , tomberoit tout-à-
fait ? Nous avons des exemples du contraire.
Mais en fuppofant qu'un Ouvrage de la nature que celui que je propofe n'eut pas un
fuccès auffi brillant qu'un autre qui feroit tout-
à-fait fanguinaire , il fuffiroit que dans fon
principe cette tentative ne déplut pas. Petit
à petit le goût changera lorfqu'on en connoî-
tra la dépravation. Ce n'eft pas l'ouvrage
d'un jour , j'en conviens , mais corrige-t-on
les défauts des hommes avec autant de promp-

titude & de facilité qu'on les apperçoit ?

Ce que je dis en citant l'Angleterre pour exemple, je le dis aussi du Théatre François. L'Amour est ordinairement le sujet principal de nos Piéces, & l'on s'étoit persuadé que sans une intrigue qui roulât sur cette passion un Ouvrage théatral n'auroit point de succès.

Le célébre Voltaire, à qui la Gréce auroit dressé des Autels, même de son vivant, nous a fait voir par ses Tragédies de la mort de César & de Mérope, qu'on peut intéresser le Spectateur François sans lui parler d'amour. On peut donc travailler utilement & agréablement en modérant le penchant du peuple à qui l'on expose ses Ouvrages.

» La Scene, *comme vous le dites fort bien*, » est un tableau des passions humaines dont » l'original est dans tous les cœurs. Mais, » *ajoutez-vous*, si le Peintre n'avoit soin de » flatter ces passions, les Spectateurs seroient » bientôt rebutés, & ne voudroient plus se » voir sous un aspect qui les fit mépriser » d'eux-mêmes. »

Appellez-vous flatter les passions que de fixer l'attention du Spectateur en l'intéressant ?

Direz - vous que l'ambition & le fanatifme
font flattés dans la repréfentation de Mahomet , parcequ'Omar eft le protocole de fon
faux Prophéte ? Le vertueux Zopire ne jette-
t-il pas un rayon de lumiere qui éclaire toute
l'horreur de la conduite du Conquérant ?
Pourquoi prétendez-vous encore qu'»il n'y
» a que la raifon qui ne foit bonne à rien fur
» la Scene , *& qu'*un homme fans paffions ou
» qui les domineroit toujours n'y fauroit in-
» téreffer perfonne. »

Le même Zopire dont je parle ici eft une
preuve du contraire dans le Tragique. Eft-il
un mortel plus vertueux , plus raifonnable &
moins paffionné que lui ? En eft-il un plus in-
téreffant ? Arifte du Méchant ne témoigne
pas moins à votre défavantage dans le Comique. Demandez au Parterre de Paris fi Mr.
de la Noue , honnête homme Comédien ,
a fçu l'intéreffer dans ce rôle qui n'eft autre que la raifon la plus faine & la plus
épurée.

» Un Stoïcien , *à votre avis* , feroit un
» perfonnage infupportable dans la Tragédie.»
En favez-vous la raifon , MONSIEUR? c'eft

qu'un Stoïcien fait ordinairement état de ne s'intéresser pour personne, ainsi l'on n'est pas porté à s'intéresser pour lui. A l'égard de la Comédie, où vous dites qu'il feroit rire tout au plus. L'impression qu'il feroit dépendroit des ombres & des couleurs sous lesquelles l'Auteur le feroit paroître. Un Stoïcien, par exemple, qui, trahi par ses amis & maltraité injustement, soutiendra sa disgrace comme son esprit philosophique l'exige, excitera mon admiration & mes applaudissemens. Je ne crois pas au reste qu'il soit fort difficile de faire de cet homme un personnage très-intéressant ; car enfin moins il paroîtra être ému par ses malheurs, plus je le ferai pour lui. Ce genre là n'est point, dites-vous, propre à la Comédie ? Nos Auteurs modernes nous ont fait connoître que cette espéce de Spectacle pouvoit très-bien être rempli par des Scenes nobles, touchantes & qu'on pouvoit faire une bonne Comédie sans provoquer les éclats de rire par des plaisanteries.

» Qu'on n'attribue pas , *dites-vous*, au » Théatre le pouvoir de changer des sentimens » ni des mœurs qu'il ne peut que suivre & » embellir. »

Permettez-moi de ne pas convenir de ce que vous dites, à moins que vous ne prétendiez que le Théatre fuit & embellit les nobles fentimens & les bonnes mœurs. Or, c'eſt ce que vous n'entendez fûrement pas. Eſt-ce fuivre & embellir les mœurs d'un Conquérant qui fe croit tout permis, que de lui repréfenter Chriſtierne au cinquième Aƈte de Guſtave, enchaîné, puni & excitant l'indignation publique par les reproches dont l'accable fon vertueux vainqueur? Il a vu cette Tragédie, il l'a applaudie malgré fon penchant à l'ufurpation. Il n'en a pas profité, il eſt vrai. Je voudrois qu'on la lui repréfentât aujourd'hui.

Il en eſt, MONSIEUR, de la Scene comme de la Peinture, on voit fans peine & même avec une efpèce de fatisfaƈtion un ferpent qu'un habile pinceau a, pour ainſi dire, vivifié, mais le talent du Peintre qui repréfente ce monſtre ne le fait pas aimer. Tel qui acheté la copie ne s'aprivoiferoit point avec l'original.

S'il eſt vrai, comme il n'en faut pas douter, qu'un Auteur qui voudroit heurter le goût général, compoferoit bientôt pour lui feul, il n'eſt pas moins affuré qu'il dépend de lui de

travailler

travailler avec fuccès pour tout le monde , lorfqu'il apportera certains tempéramens dans la manière dont il frondera le mauvais goût de fon fiécle. Moliere n'avoit pas eu tort de donner fon Mifantrope , mais il auroit dû en faire préfentir la premiere repréfentation , & fa piéce n'y feroit pas tombée. La preuve c'eft que par la fuite elle a été vuë avec le concours le plus général. Les meilleurs remédes n'opérent que fur un tempérament préparé à en recevoir l'adminiftration. Ce n'eft donc pas la faute du Théatre, fi certains Ouvrages , quoique fort bons & fort utiles pour les mœurs , n'y font pas bien reçus, c'eft la faute des Auteurs, qui doivent amener avec circonfpection les fujets qu'ils veulent traiter.

Le goût du Théatre n'eft pas aujourd'hui le même qu'il étoit du tems de Moliere. Mais qui a opéré ce changement ? C'eft le foin qu'on a apporté dans les fpeftacles de n'expofer aux yeux du public que de bonnes piéces. Si Moliere & les autres Auteurs contemporains ou modernes, n'avoient orné la Scene que de Pafquinades comme autrefois, elles y feroient encore reçues ; mais malgré le goût du peuple pour

ees farces, on lui a fait voir du véritablement beau; il a changé petit à petit, & ee
changement, bien loin de prouver, comme
vous le prétendez, qu'il faut abfolument fuivre & embellir les mœurs ou le goût préfent,
rend le témoignage le plus convainquant, que
le Théâtre aide à le rectifier, puifque la premiere repréfentation du Mifantrope fut mal
reçue, & que depuis ce tems-là cette piéce a
toujours été regardée comme un chef-d'œuvre.
Moliere a été bien hardi de traiter quelque
chofe d'auffi férieux que le Mifantrope devant
des fpectateurs accoûtumés à des bouffonne-
ries; mais cette hardieffe lui a valu l'honneur
d'être regardé comme le pere & le réforma-
teur du Théatre Comique. On ne lui reproche
qu'une chofe, c'eft qu'après avoir effayé fa
force, il a eu la foibleffe de donner des
Ouvrages où l'on trouve encore d'affez
baffes plaifanteries; il avoit commencé à corriger fon Parterre, il falloit ne plus le flater
dans fes défauts. Au refte, quand vous prétendez que les chefs-d'œuvres de ce grand
homme tomberoient s'ils paroiffoient aujour-
d'hui pour la premiere fois; permettez-moi

de vous dire que votre sentiment est outré.
Le siécle étant plus éclairé, on les épluche-
roit davantage ; mais comme il est certain que
ces Ouvrages sont marqués au bon coin, ils
auroient un sort aussi favorable, vu l'augmen-
tation de nos lumières, qu'ils l'ont eu dans
un tems où l'on n'a pas apperçu si aisément
leurs défauts, mais aussi où l'on n'en sentoit pas
si parfaitement les beautés. De-là je conclus
que si le Théatre s'assujettit aux mœurs & au
goût du spectateur, c'est moins pour le flater
que pour le corriger par degré. Vous voyez,
MONSIEUR, que nous regardons les cho-
ses d'un œil bien différent ; c'est au public à juger par l'expérience qui de nous deux a raison.

S'il est vrai que la meilleure piéce de Sophocle tomberoit sur notre Théatre, ce n'est
point parce que nous ne nous trouverions pas
du goût de ses anciens spectateurs, comme
vous le dites ; mais c'est que tout excellent
que soit Sophocle, nous avons eu depuis lui
bien des Auteurs qui ont traité ses sujets avec
une grande perfection ; c'est qu'il seroit fort
difficile de le faire ressembler à lui-même dans
une traduction du Grec en François : c'est

enfin parce que l'Œdipe & l'Électre de ce Poëte ne font pas fans de grands défauts. Nous verrions avec plaifir un fujet dont la morale feroit telle que celle de ces deux piéces ; (*) mais il faudroit le traiter dans notre langue avec la liberté de l'invention. La traduction eft toujours trop foible, & peu fufceptible des beautés de l'original.

» La Poétique du Théatre prétend, *dites-» vous*, purger les paffions en les excitant; » mais j'ai peine à bien concevoir cette régle. » Seroit-ce que pour devenir tempérant & » fage, il faut commencer par être furieux & » fou ? Voilà, MONSIEUR, comme on raifonne quand on veut facrifier fes propres lumieres au plaifir de foutenir un fentiment

---

(*) Sophocle dans fon Œdipe fait voir que l'orgueil, la violence, la colere & la curiofité, entraînent dans d'affreufes calamités des gens vertueux d'ailleurs. Ce font là les paffions qu'il veut purger en nous par l'exemple d'Œdipe. Cette piéce eft fans conteftation fon chef-d'œuvre. Il prouve dans fon Electre que les méchans tôt ou tard n'échappent point à la juftice divine; voilà l'utilité qu'il vouloit que fes fpectateurs tiraffent de la repréfentation de cette Tragédie, qui quoique fort belle, eft cependant inférieure à celle d'Œdipe.

erronné. Est-ce exciter les passions que de les montrer sous un point de vue où elles sont toujours odieuses, dès qu'elles sont criminelles? Est-ce exciter l'ambition d'un usurpateur que de lui représenter Polifonte justement mis à mort par le jeune Égiste son Prince légitime? Est-ce exciter la barbarie, l'orgueil & la cruauté que d'exposer aux yeux du public Gusman puni de sa férocité par Zamore? Est-ce exciter la vengeance que d'introduire ce Vice-Roi sur la Scene, qui baigné dans son sang, pardonne sa mort à son meurtrier, par un effort d'héroïsme propre à un véritable Chrétien? Est-ce enfin exciter la criminelle complaisance d'une femme qui se porte à des conseils & à des intrigues blâmables pour favoriser l'impudicité, que de lui faire appercevoir le prix de ses lâchetés dans la juste punition d'Œnone? Quoi de plus propre à faire détester le crime que d'en voir l'exemple vivant accompagné de tous les maux dont il est la source? Blâmez-vous la sagesse de ces Anciens, qui pour inspirer l'horreur de l'yvrognerie à leurs enfans, faisoient enyvrer leurs esclaves? excitoient-ils dans ces enfans le desir de boire, .

parce qu'un yvrogne dans la joie que lui infpi-
roit le vin , pouvoit témoigner la plus parfaite fatisfaction ? L'abrutiffement , fuite iné-
vitable de fon intempérance , faifoit plus
d'impreffion fur les enfans que n'en avoit fait
fa gaieté paffagere. Voilà auffi l'effet que produit la Tragédie. Je veux bien convenir avec
vous, que la vengeance , l'amour , l'ambition ,
peuvent me paroître pendant l'efpace de
quelques Scenes des paffions moins criminelles qu'elles ne font , par l'adreffe que l'Auteur
a eu befoin d'employer pour repréfenter foa
Héros tel qu'il eft ; mais cette affection fera
momentanée , & le dénouement de la piéce
me forcera à aprécier les chofes dans leur jufte
valeur. Le crime y étant puni, je le détefteraî
pour lui-même & pour fes effets. La vertu y
étant récompenfée , je l'aimeraï pour elle-
même & pour fes avantages.

Je fuis très-affuré que vous avez fenti ces
vérités comme moi. Puis-je croire conféquemment que ce foit avec bonne foi que vous
ayez fait la demande qui fuit ?

» Pourquoi l'image des peines qui naiffent
» des paffions , effaceroit-elle celle des tranf-

» ports de plaifir & de joie qu'on en voit auffi
» naître?

Hélas ! MONSIEUR, un homme d'efprit
comme vous, fait-il cette queftion ? ou s'il l'a
pu faire, eft-ce comme homme d'un bon efprit
qu'il l'a fait ? Quoi, lorfque Polifonte vient
me dire :

> Un Soldat tel que moi peut juftement prétendre
> À gouverner l'Etat quand il l'a fçu défendre.

Quelque beauté qu'il y ait dans ces vers,
quelqu'apparence de raifon que j'y rencontre,
me perfuadera-t-il en faveur de la tyrannie
avec affez de force , pour ne pas perdre toutes les impreffions que j'aurai prifes à fon avantage , lorfque Mérope lui reprochera fes
forfaits , & que fon Prince légitime l'en pu-
nira ? Eft-il poffible que vous vous détermi-
niez à facrifier la vérité à la paffion ? Le plaifir de dire du mal des Speétacles doit-il l'em-
porter fur la juftice que la probité vous doit
obliger de leur rendre? C'eft travailler contre
vous-même , car enfin peut-il fe rencontrer
un Leéteur affez ftupide pour ne pas apperce-

voir que toutes vos phrases sont dictées par un esprit de parti ? ce terme ne doit pas vous paroître offensant.

» Le Théatre, *dites-vous*, purge les paf-
» fions qu'on n'a pas, & fomente celles qu'on a. C'est une conséquence que vous tirez d'un principe très-faux, que vous établissez en four-nissant des exemples dont la lecture m'a fait rire de bon cœur. Examinons un peu ce paf-fage, il est curieux.

» Nous ne partageons pas les affections de
» tous les personnages, il est vrai ; car, leurs
» intérêts étant opposés, il faut bien que l'Au-
» teur nous en fasse préférer quelqu'un, autre-
» ment nous n'en prendrions point du tout ;
» mais loin de choisir pour cela les passions
» qu'il veut nous faire aimer, il est forcé de
» choisir celles que nous aimons. Ce que j'ai
» dit du genre des Spectacles doit s'entendre
» encore de l'intérêt qu'on y fait régner.
» A Londres un Drame intéresse en faisant haïr
» les François ; à Tunis la belle passion seroit
» la Piraterie ; à Messine, une vengeance
» bien savoureuse ; à Goa, l'honneur de brû-
» ler des Juifs. Qu'un Auteur choque ces

» maximes, il pourra faire une belle piéce, où
» l'on n'ira point. Mais dites-moi, MONSIEUR,
fi l'on ne va pas à une piéce où ces paffions
feront frondées, eft-il néceffaire de prendre
fes fujets pour le Théatre? Ne peut-on repréfenter à Londres une Tragédie fans y mal parler des François? Je vous dirai en ce cas-là
que vous avez raifon; mais fi on en expofe
fur ce Théatre, fans qu'il y foit queftion de
la France, on ne fomente donc pas la paffion du public, tout au plus on la laiffe telle
qu'elle eft fans l'attaquer. Parlons vrai,
MONSIEUR, croyez-vous qu'un Auteur qui
donneroit au Parterre de Londres une bonne
Tragédie, où avec tout l'art & toute l'habileté
d'un Voltaire, il introduiroit un Athénien
reprochant à un Romain l'injufte préjugé qui
rend ces deux Nations ennemies l'une de l'autre, qui lui feroit des leçons d'humanité, qui
enfin lui prouveroit que plus deux Peuples font
vertueux, fages & éclairés, plus ce doit être
une raifon d'union, & qu'en pareil cas la rivalité ne doit avoir lieu que pour combattre de
vertus; penfez-vous, dis-je, qu'un tel
perfonnage n'attireroit pas les applaudiffemens

des Spectateurs ? Je fai bien qu'aujourd'hui particulierement que nous fommes en guerre, un Auteur auroit mauvais jeu à faire le panégyrique de la France ; mais fans nommer les gens par leur nom, un habile homme fait fe faire entendre ; j'en reviens donc à ce que j'ai dit : On ne doit point heurter ouvertement le goût d'une nation, mais avec des tempéramens faciles pour les gens à talens, on vient à bout d'adoucir la cenfure qu'on en fait, & infenfiblement on le rectifie.

J'aurois bien affaire s'il falloit démontrer le faux de tout ce que vous dites du Spectacle, s'il falloit prendre toutes vos phrafes les unes après les autres. Je me contente de relever les abfurdités les mieux enveloppées, & les plus capables de glifler dans l'efprit des Lecteurs le venin de votre Livre ; tout y eft amertume. A quel propos, par exemple, faire une mauvaîfe plaifanterie fur les Acteurs de l'Opéra, parce que Néron faifoit égorger ceux qui s'endormoient lorfqu'il chantoit au Théatre ? Admirez tout le fiel de cette apoftrophe : » Nobles » Acteurs de l'Opéra de Paris, ah ! fi vous euf- » fiez joüi de la puiffance Impériale, je ne

» gémirois pas maintenant d'avoir trop
» vécu !

Avez-vous toujours tenu ce langage , vous
qui avez travaillé pour le Théatre même, que
vous infultez aujourd'hui ? *heu , quantùm
diftat ab ifto !* Ouï, on vous a vu faire la cour
à ces Acteurs lorfqu'il étoit queftion de donner au public votre Devin du Village. Mais
ne favez-vous pas , MONSIEUR, que qui
veut la caufe veut l'effet ? Il n'y auroit point
d'Acteurs s'il n'y avoit point d'Auteurs. Croyez-moi, faites amende-honorable d'avoir été le
premier inftrument de l'ennui que quelques efprits cauftiques diront avoir éprouvé à la repréfentation de votre piéce. Plaifanterie à part ,
je ne prétends pas que votre joli petit Opéra
foit ennuyeux , mais je fuis fâché que vous
déclamiez contre des gens qui ont employé
tous leurs talens pour faire valoir les vôtres ,
& que vous avez payé d'ingratitude. Cela
n'eft pas d'un galant homme. Je ne vois pas
non plus, pourquoi vous vous plaignez de l'ennui que vous avez eu à l'Opéra. Qui vous
forçoit d'y aller , fi vous n'y rencontriez pas
tous les agrémens dont ce Spectacle eft fufcep-

tible par lui-même & par le mérite de ses
sujets ? Vous avez voulu dire un bon mot ,
on en rit, mais on n'en ira pas moins à
l'Opéra , & votre Satyre n'empêchera pas
les gens de goût & d'un bon esprit de lui rendre justice. Prenez garde au surplus que vous
ne vous contentez pas de tourner en ridicule
les Acteurs de l'Académie Royale de Musique
quant à leurs talens ; vous les taxez encore
d'être d'un caractere aussi cruel que Néron ,
car vous parlez comme un homme convaincu
qu'ils ne vous laisseroient pas dormir avec
impunité lorsque l'ennui de leur chant provo-
queroit votre sommeil. *Si vous aviez joui de
la puissance Impériale , je ne gémirois pas
maintenant d'avoir trop vécu.* Si leurs talens,
ne doivent pas être mis en parallele avec
ceux de Néron , je suis également persuadé
que l'on ne peut sans une monstrueuse calomnie leur prêter le cœur & les sentimens de ce
méchant Empereur.

Revenons à notre sujet. Vous ne voulez
pas que le Théatre dirigé comme il peut &
doit l'être , rende la vertu aimable & le vice
odieux. » Quoi donc ? *dites-vous* , avant qu'il

» y eût des Comédies n'aimoit-on pas les
» gens de bien, ne haïſſoit-on point les mé-
» chans ? » Belle conſéquence ! N'aimoit-on
pas les gens de bien & ne haïſſoit-on pas les
méchans avant les Bourdaloües ? (d) Il étoit
donc inutile qu'ils préchaſſent la plus ſainte &
la plus ſavante morale, parceque le bien eſt
gravé dans tous les cœurs. *Signatum eſt ſuper
nos.*

C'eſt préciſément, MONSIEUR, parcequ'on aime les gens de bien & qu'on hait les
méchans qu'on trouve le Speétacle utile &
agréable. C'eſt un amuſement qui eſt permis,
puiſque loin de nous éloigner de notre devoir,
il nous en retrace les préceptes, & qu'il nous
entretient dans les louables ſentimens de ne
point nous en écarter ; mais il ne s'enſuit pas
que s'il n'y avoit point de Speétacles on ceſſe-
roit d'aimer la vertu & de haïr le vice. Votre
raiſonnement eſt celui d'un homme qui veut

(d) Je ne prétens point faire ici une comparaiſon
d'état. On me fera la grace de ne pas me croire fou.
La comparaiſon ne tombe que ſur l'utilité qu'on peut
tirer du ſacré & du prophane, ſuivant le genre de
chacun.

étourdir par des termes. Vous pourrez en impofer par-là à des gens qui s'attachent à la
fuperficie, *frons prima multos decipit*, mais
vous ne perfuaderez pas les perfonnes qui
favent approfondir.

Une preuve que vous ne cherchez qu'à
éblouir l'imagination de vos Lecteurs, c'eft
la phrafe dont vous vous fervez pour démontrer
l'inutilité du Spectacle. » Je doute que tout
» homme à qui l'on expofera d'avance les cri-
» mes de Phédre ou de Médée, ne les détefte
» plus encore au commencement qu'à la fin de
» la piéce ; & fi ce doute eft fondé que faut-il
» penfer de cet effet fi vanté du Théatre ? »

Vous avez raifon de dire *fi ce doute eft
fondé*. Cela me paroît bien problématique,
ou pour mieux dire, ce n'eft un problême
que pour vous feul. Je fuis très-affuré que
Phédre indigne bien plus après le recit de
Teramene qui expofe l'innocence d'Hipolite
& qui attendrit tous les cœurs par le témoignage qu'il rend à la vertu du Héros victime
de fon inceftueufe belle-mere, qu'elle n'indi-
gneroit fi on fe contentoit de faire une foible,
mais véritable narration de fes feux impudi-

ques & de toutes ses fureurs. Je pourrois pourtant appuyer votre sentiment par une reflexion sur laquelle vous vous êtes peut-être fondé. Phédre sera moins détestée à la fin de la Piéce qu'au commencement, parceque l'on se sera accoutumé à voir avec plaisir sur la Scene une jolie femme bien parée, mais si, malheureusement pour vous, l'Actrice est laide, adieu la compassion qu'auroit pû provoquer sa beauté.

» Je voudrois bien, *ce sont vos paroles*, » qu'on me montrât clairement & sans ver- » biage par quels moyens le Spectacle pourroit » produire en nous des sentimens que nous » n'aurions pas ?... »

Je ne pense point qu'il soit fort difficile de prouver comme une vérité ce que vous revoquez en doute, mais c'est à tout autre qu'à vous qu'il sera aisé de donner cette preuve, car pour les gens à parti c'est assûrément d'eux qu'il faut dire : *Oculos habent & non videbunt*. Quoiqu'il en soit, voyons si la vérité dans son grand jour frappera du moins vos yeux. Peut-être, & je l'espere, ira-t-elle jusqu'au cœur des autres.

Plus les exemples font naturels , vifs , inté-
reffans , & plus ils ont de force. Le Prophéte Nathan veut-il reprocher à David fon
adultere ? il lui fait la comparaifon d'un homme qui ayant un troupeau de brebis , en a
lâchement volé une à un pauvre malheureux,
qui en faifoit fes plus cheres délices. Le Roi
trouve qu'un tel homme eft digne de mort ,
alors le Prophéte venant à l'application lui dit :
Tu es ille vir. Peut-être que fans l'art avec
lequel Nathan reproche à fon maître un fi grand
crime , il n'auroit fait qu'exciter fon indignation , contre une telle hardieffe ; & au lieu
de provoquer le Prince à la pénitence , il
l'auroit entraîné dans un nouveau péché , par
l'abus que ce Roi auroit pu faire de fon pouvoir. Adieu ne plaife que je veuille donner
autant d'efficacité aux exemples que les Comédiens fourniffent tous les jours de vertu , par
la repréfentation des Héros & des grands hommes , que la comparaifon de la brebis en eut
dans la bouche de Nathan ! Je ne me fers de
cette figure que pour vous faire fentir qu'il y
a un art , finon à infpirer , du moins à exciter
les fentimens d'honneur & de probité.

Quoique

Quoique l'amour que nous devons aux auteurs de nos jours foit gravé dans tous les cœurs ; il eft certain qu'il y a des enfans dénaturés. Penfez-vous, MONSIEUR, qu'un de ces efpeces de monftres à la repréfentation d'Efope à la Cour ne fe fera pas horreur à lui-même lorfqu'il verra une mere tendre fe plaindre du mépris de fa fille qui refufe de la reconnoître, & croyez - vous que ce même monftre ne fera pas touché, quand cette fille tombera aux genoux de fa mere après le reproche qu'Efope lui aura fait de la perverfité de fon cœur, en la comparant à une petite riviere qui enflée d'orgueil, parcequ'elle eft devenue un fleuve confiderable méconnoît fon humble fource.

Voilà comment le Spectacle peut produire en nous des fentimens qui quoiqu'innés dans l'homme fe trouvent quelquefois prefqu'éteints dans fon cœur par les paffions. Ceffez donc de vous écrier : » Ah fi la beauté de la » vertu étoit l'ouvrage de l'art, il y a long- » temps qu'il l'auroit défigurée ! »

L'art défigurera la vertu quand il fera l'ouvrage des méchans, il la fera briller dans tout fon luftre quand il fera employé par les bons. Le plaifir de faire une épigramme l'emportera-t-il toujôurs chez vous fur la juftice & l'équité?

Vous foutenez que l'homme eft né bon. Qui en doute? Il eft queftion de favoir s'il dégrade fouvent la perfection de fa nature, & fi cela eft, il faut donc le rappeller à lui-même en lui remontrant fes devoirs fous le point de vuë le plus propre à diffiper les nuages dont il laiffe éclipfer fa raifon. Je fais bien que quiconque va à la Comédie eft intérieurement convaincu de ce qu'on y prouve, & dejà prévenu pour tous ceux qu'on y fait aimer, parcequ'on y rend la feule vertu aimable; mais cette conviction vague qui précéde la repréfentation ne produit pas fur le Spectateur le même effet que l'action opérera. L'attention qu'il donne à la Scene paffe de l'efprit au cœur. Tel qui avant d'avoir vu le Glorieux favoit fort bien que la mifere d'un pere ne doit pas le faire méconnoître par fon fils, n'avoit jamais fi parfaitement fenti la baffeffe de cette conduite que quand le Glorieux eft humilié aux pieds de fon Pere qu'il a voulu faire paffer pour fon Intendant.

» Dans les querelles, *dites-vous*, dont nous
» fommes purement fpectateurs, nous pren-
» nons à l'inftant le parti de la juftice.....
» mais quand notre intérêt s'y mêle..... c'eft
» alors que nous préférons le mal qui pous eft
» utile au bien que nous fait aimer la nature. »

Qu'en concluez-vous ? Qu'il eft par conféquent inutile de nous faire appercevoir notre
injuftice, parceque notre intérêt malgré les
remontrances nous déterminera en fa faveur ?
Ainfi un hipocrite n'aura point de retour fur
lui-même en voyant jouer Tartufe ? Je conviens qu'il y a des gens affez dépravés pour
fe dire à eux-mêmes, je fais que je fais mal &
je veux le faire. Alors *perditio tua Ifrael ;*
mais j'en connois d'autres qui malgré l'intérêt
qu'ils auroient à perfévérer dans un vice changeront de conduite lorfqu'on aura eu l'habileté de leur en faire fentir toute l'indignité.

» Le Méchant, *comme vous le remarquez fort*
» *bien*, va voir précifément au Spectacle ce
» qu'il voudroit trouver par tout ; des leçons
» de vertu pour le public dont il s'excepte,
» & des gens immolant tout à leur devoir,
» tandis qu'on n'exige rien de lui. »

Vous parlez là d'un méchant décidé, fans remords & qui a étouffé tout-à-fait les fentimens de probité, chez qui enfin la voix de la confcience ne fe fait plus entendre. Ces fortes des gens font-ils bien communs, & ferez-vous l'honneur à un Spectacle compofé de mille ou douze cent perfonnes de croire que le plus grand nombre reffemble à un tel homme? Peut-être n'y trouveroit-on pas une feule copie d'un pareil original. Il s'y rencontrera des fpectateurs qui auront des défauts, fans avoir le cœur gâté, c'eft à ceux-là que les leçons de vertu font efficaces; & c'eft à ceux là feulement qu'on peut efpérer que la Comédie fera utile. Quant aux gens tout-à-fait vertueux, ils fe feront un amufement du Spectacle & apprendront aux vicieux le cas qu'ils font du mérite, par leurs applaudiffemens. A l'égard du méchant déterminé, dont nous avons parlé, la Comédie ne lui eft pas plus utile que le meilleur Sermon. Vous n'en conclurez pas, j'efpere, qu'il ne faut point de Prédicateurs.

Vous foutenez hardiment que la pitié que la Tragédie infpire eft une pitié ftérile qui n'a

jamais produit le moindre acte d'humanité.
Voilà ce qui s'appelle décider en dernier reffort. Je ne m'amuferai point à vous prouver
la futilité de votre raifonnement on la fent
avec trop de facilité. Tous les hommes qui
ont vu jouer la Tragédie vous ont-ils affuré
que les leçons d'humanité qu'ils y ont reçû
ont gliffé légérement fur eux, & qu'ils n'en
ont jamais fait aucun acte rélativement à ces
leçons ? Je pourrois, fi j'ofois, vous nommer
un homme en place qui, après la repréfentation
de Nanine, rentra avec précipitation chez lui
pour ordonner à fon Suiffe de ne refufer fa
porte à qui que ce fût, pas même aux fougue-
nilles & aux fabots, ce furent fes propres
termes ; le Suiffe fut fi fort étonné du difcours
de fon maître, qui jufques là n'avoit apparem-
ment pas été fort débonnaire, qu'il dit à un
valet de chambre qui fe rencontra près de
lui, *morbleu fi je n'avois apperçu Mlle. D***.
dans le caroffe de Monfeigneur, je croirois qu'il
vient de confeffe.*

Une Tragédie où les mêmes préceptes
d'humanité fe feroient rencontrés auroit fans
doute eu le même effet que la Comédie de Mr,
de Voltaire.   C iij

Vous ne vous dementez en rien, MON-
SIEUR, & votre esprit est toujours une
source de Satyre. En voici un nouveau trait.

» Quand un homme est allé admirer de bel-
» les actions dans les fables.... ne s'est-il pas
» acquitté de tout ce qu'il doit à la vertu par
» l'hommage qu'il vient de lui rendre ? Que
» voudroit-on qu'il fit de plus ? Qu'il la prati-
» quât lui-même ? Il n'a point de rôle à
» jouer: il n'est pas Comédien. »

Quel effort d'imagination ! La pratique de
la vertu est donc étrangere à l'homme ? Quelle
pointe ! Mais accordez-vous donc avec vous
même. Désavouérez-vous la phrase suivante ?

» Quant à moi, dût-on me traiter de mé-
» chant encore pour oser soutenir que l'hom-
» me est né bon, je le pense & crois l'avoir
» prouvé ; la source de l'intérêt qui nous
» attache à ce qui est honnête & nous inspire
» de l'aversion pour le mal est en nous, &
» non dans les pièces. » Si la source du bien
est en nous, sa pratique nous est propre,
il ne faut donc point avoir de rôle à jouer
& être Comédien pour faire des actions ver-
tueuses.

L'homme eſt né bon quand vous voulez l'empêcher d'aller à la Comédie, en lui perſuadant que la morale qu'il y rencontrera eſt dans ſon cœur, mais il eſt méchant quand il y a été, puiſqu'il ſe contentera d'avoir applaudi le bien ſans le faire. Vous avez raiſon de dire que *le cœur de l'homme eſt toujours droit ſur ce qui ne ſe raporte pas perſonnellement à lui. Que dans les querelles dont nous ſommes purement ſpectateurs nous prenons à l'inſtant le parti de la juſtice, mais que quand notre intérêt s'y mêle, bientôt nos ſentimens ſe corrompent.*

Ne vous eſcrimez pas pour nous convaincre de cette vérité. *Fabula de te narratur.*

Avançons. » On ſe croiroit, *à votre déciſion,* » auſſi ridicule d'adopter les vertus des Héros » Tragiques que de parler en vers & d'endoſ- » ſer un habit à la Romaine. » Exceptez-moi, s'il vous plait, du nombre de ceux à qui vous prêtez cette façon de penſer. Je vous proteſte avec toute la ſincérité imaginable, que je voudrois reſſembler à Narbas, à Polieucte, & à Mardochée par le cœur, mais en vérité je ſerois très-fâché d'être obligé de porter leurs habits dans la focieté. (*c*) Je fuis perfuadé que tous les honnêtes gens penfent comme moi à cet égard. Vous avez donc tort de dire que » toutes les brillantes maximes qu'on » vante avec tant d'emphafe font reléguées à » jamais fur la Scene, & ne fervent qu'à nous » montrer la vertu comme un jeu de Théâtre, » bon pour amufer le public ; que la plus avan- » tageufe impreffion des meilleures Tragédies » eft de réduire à quelques affections paffage- » res, ftériles & fans effet tous les devoirs de » la vie humaine, à peu près comme ces gens » polis qui croient avoir fait un acte de cha- » rité, en difant au pauvre : Dieu vous affifte. »

Vous parlez ici contre vous-même, car fi la Tragédie eft auffi éloquente que la mifere du pauvre qui expofe fes befoins, elle ne fera pas toujours fans effet. Bien des gens donnent l'aumône à ce miférable ; d'autres la lui refu- fent. La dureté des uns ne doit point décou- rager le mendiant, furtout quand il eft bien

______

(*c*) Je fens d'ici la pointe de votre Epigramme. Je ne leur reffemblerai, direz-vous, au contraire que par l'habit. Pouvez-vous en décider ? J'écris contre vous.

accueilli par la générofité des autres.

A force de vouloir approfondir, pour auto-
rifer votre fyftême, vous donnez dans des
écarts qui ne font pas d'un homme d'efprit
comme vous. » On peut, *c'eft vous qui parlez*,
» donner un appareil plus fimple à la Scene,
» & rapprocher dans la Comédie le ton du
» Théatre de celui du monde, mais de cette
» maniere on ne corrige pas les mœurs, on les
» peint, & un laid vifage ne paroit point laid
» à celui qui le porte. »

C'eft au contraire en peignant les mœurs
qu'on les corrige, la charge qu'on ajoute dans
la peinture qu'on en fait y eft néceffaire. Il
faut être foi-même affecté doublement d'un
fentiment qu'on veut faire paffer dans l'ame de
fon Auditeur ; fans quoi on eft froid, & le
public ne s'intéreffe plus. Il eft d'ailleurs très-
faux qu'un laid vifage ne paroit pas tel à celui
qui le porte. L'amour propre cherche à pallier
fes défauts, mais un miroir fert de juge. Je ne
puis mieux vous comparer les charges qu'on
emploie au Théatre pour ridiculifer le vice
qu'à ces lunettes qui groffiffent les objets pour
en faire appercevoir jufqu'aux moindres dé-

fauts. Ces verres font néceffaires pour ceux dont la vue eft foible. Une charge décente qu'on donne à un vice deffille les yeux de quiconque voudroit s'abufer en s'excufant.

Ne craignez point au refte, comme vous paroiffez l'appréhender, que le ridicule atta- que dans le fond du cœur le refpeÉt qu'on doit à la vertu, parce que l'on plaifante quelque- fois des gens très-eftimables. Jamais la vertu ne devient fur le Théatre l'objet de la plaifan- terie, fans un puiffant correÉtif qui lui rend tou- jours les refpeÉts & les hommages qui lui font dûs; & jamais le fourbe qui la badine n'eft peint fous d'autres couleurs que fous celles qui le rendent odieux; bien que fes mauvais tours excitent le rire, par leur fingularité. Vous appuyez le fentiment dans lequel vous êtes fur l'inutilité des SpeÉtacles, de l'opinion du grave Murat, qui dit que nous voyons tou- jours au Théatre d'autres êtres que nos fem- blables. Encore une fois, MONSIEUR, les portraits y font chargés pour y paroître tels qu'ils doivent être. Une ftatuë immenfe placée à un certain éloignement, diminuë de fa gran- deur, & vous femble de hauteur naturelle.

Pour laiffer au public une idée de l'héroïfme d'Alexandre, il faut le peindre au-deffus de lui-même, afin qu'il gagne par cette exagération ce qu'il perd à n'être que repréfenté. Voilà pourquoi la Tragédie met l'homme au-deffus de l'humanité ; fi la Comédie le met au-deffous, c'eft toujours par la même difficulté de faire appercevoir les objets tels qu'ils font réellement. L'homme y paroît-il plus foible qu'il n'eft en effet ? Le Spectateur ne fera que trop porté à lui rendre beaucoup plus qu'on ne lui ôte. Lors donc qu'Ariftote donne pour régle dans fa poétique de faire dans la Tragédie les Héros plus grands qu'ils ne font ; & s'il veut au contraire qu'on mette les hommes au-deffous d'eux-mêmes dans la Comédie, c'eft parce qu'il a fenti que ces deux excès étoient chacun néceffaire dans leur genre pour que le public fe fit une jufte idée de ce qu'on vouloit lui repréfenter. Ce n'eft donc point l'amour de l'illufion qui a dicté cette régle, c'eft celui de la vérité.

Vous croyez convaincre du peu de profit qu'on peut tirer des Spectacles pour les mœurs, parce que, dites - vous, » la plûpart des

» actions tragiques n'étant que de pures fables,
» des événemens qu'on fait être de l'invention
» du Poëte, ne font pas une grande impreſſion
» fur les Spectateurs. Je répons à cela qu'il
n'eſt pas exactement vrai que la plûpart des
actions tragiqu es foient de pures fables, qu'il
y en a quelques-unes, mais que le grand nombre eſt fondé fur de véritables hiſtoires.
J'ajoute que quand cela feroit vrai, les fables,
les allégories & les paraboles ont été de tout
tems regardées comme les moyens les plus
propres à inſtruire les hommes ; tous les Légiſ-
lateurs les ont employé avec fuccès. Pourquoi
ne perdroient-elles leur utilité qu'au Théatre
où l'on cherche à les rapprocher le plus qu'on
peut de la vérité ? Vous ne voulez pas non
plus que les exemples de la vertu récompenſée
& du vice puni foient profitables fur la Scene,
» parce que ces punitions & ces récompenſes
» s'opérent toujours par des moyens fi extraor-
» dinaires qu'on n'attend rien de pareil dans
» le cours naturel des chofes humaines ». Mauvaiſe raifon ! Ne ferai-je point excité à l'a-
mour de la foi chrétienne quand un miracle ho-
norera la mort d'un martyr, parce que c'eſt un

événement qui ne doit pas se rencontrer dans le cours naturel des choses humaines ? L'horreur que je dois avoir du mensonge ne s'augmentera-t-il pas en moi quand je lirai l'histoire d'Ananie, parce que les menteurs ne sont pas tous frappés de mort par la toute-puissance de Dieu ? A la vérité ses exemples saints feront sur moi une impression bien différente que la punition de Salmoné, ou d'autres histoires fabuleuses ; dans les uns j'adorerai le doigt de Dieu, dans les autres je tirerai mon profit de leur morale, quoique je sache que ce soit l'ouvrage des hommes. Si je fais une action sainte en me nourrissant des vérités sacrées, je n'en ferai pas une mauvaise, en cherchant une bonne morale dans la Fable. J'imiterai l'abeille, qui après avoir fait un précieux larcin sur le lys, ne dédaigne pas le suc du serpolet.

Vous avez senti la foiblesse des preuves que vous aportez pour détruire l'utilité de la Comédie. Votre derniere ressource est donc de nier tout net que le Spectacle puisse être avantageux. » Je répons, *dites-vous*, en niant » le fait. » Vous ne voulez pas que l'objet sur lequel les Auteurs dirigent leurs ouvrages soit d'infpirer l'amour de la vertu & la haine du vice par la morale de leurs Piéces, ainfi vous n'héfitez point de parler en ces termes: » Vice » ou vertu, qu'importe? pourvu qu'on en » impofe par un air de grandeur? Auffi la » Scene Françoife, fans contredit la plus par- » faite, ou du moins la plus réguliere qui ait » encore exifté, n'eft-elle pas moins le triom- » phe des grands fcélérats que des plus illuf- » tres Héros? témoin Catilina, Mahomet, » Atrée, & beaucoup d'autres. »

Quelqu'un qui lira cet article fans connoître les Tragédies dont vous parlez, avalera à longs traits le poifon que vous verfez. Voilà pourquoi les Ecrivains font fouvent à craindre. Ils adoptent un fentiment qu'ils foutiennent avec efprit, conféquemment avec quelqu'apparence de vérité. Les Lecteurs font féduits, & entraînés dans le piége qu'on leur a tendu, parcequ'il ne fe trouve perfonne qui les garantiffe du précipice ou qui les aide à en fortir.

Catilina eft repréfenté comme un illuftre fcélérat, mais non pas comme un grand homme. Depuis le premier jufqu'au quatrieme

Acte incluſivement, il étonne, il étourdit le
Spectateur par la hardieſſe de ſes projets, au
cinquieme ſes fureurs ne provoquent aſſurément pas la pitié, elles inſpirent au contraire
de l'horreur. C'eſt un homme extraordinaire
qu'on veut connoître parcequ'il s'eſt rendu
fameux, & toute ſa conduite ſert de preuve
que les plus hautes qualités ſont les plus pernicieuſes dans un cœur corrompu. L'Auteur a
mis cette vérité dans la bouche de Caton qui
lui dit :

> Catilina, je, crois que tu n'es point coupable,
> Mais ſi tu l'es, tu n'es qu'un homme déteſtable,
> Car je ne vois en toi que l'eſprit & l'éclat
> Du plus grand des mortels, ou du plus ſcélérat.

Le, public qui entend parler ainſi Caton eſt
prévenu que Catilina eſt réellement coupable,
il l'enviſage donc comme le plus ſcélérat des
hommes, & non comme le plus grand.

Lorſque Catilina en voyant ſortir Ciceron
qu'il vient de tromper par un lâche artifice,
dit :

> Va, ma valeur bientôt ſera mieux occupée ;
> Elle n'aſpire plus qu'à te percer le ſein.

Croyez-vous que ces deux vers difposent en fa faveur , & qu'on ne le regarde pas comme un forcené ? On le met au rang des Cromwel, & de tels perfonnages font toujours odieux.

Il finit par fe poignarder lui-même , on ne le plaint pas ; il a révolté les efprits par fes forfaits , on ne fe fent point attendri pour lui. Si la cataftrophé de la piéce peut infpirer de la pitié c'eft pour Tullie qu'on la reffent. On voudroit que la fille du plus grand des Romains eût pû réfifter à l'amour qui l'enflâme pour un monftre qui ne refpire que l'affafinat de fon Pere. Les tranfports dont elle eft agitée à la vue des crimes de fon amant , les efforts qu'elle fait pour lui fuggérer des fentimens de répentir , & pour qu'il fe mette à même d'obtenir le pardon de fa révolte ; fa douleur enfin lorfqu'il fe poignarde à fes yeux, tous les mouvemens de Tullie intéreffent & émeuvent en fa faveur ; mais on n'eft point du tout fâché de voir périr un traître , un féditieux , un meurtrier , un homme enfin abominable & qui eft dépeint comme tel. Ses crimes ne fe changent en vertus que dans fa bouche.

bouche. Il ne peut en impoſer, Ciceron & Caton le démaſquent.

Ne dites donc point que la Scene eſt le triomphe de Catilina, puiſqu'elle met au jour l'horreur de ſes complots & que ſa mort & celle de ſes conjurés en eſt la juſte puniſion.

Vous prétendez que dans cette Piéce Caton fait le perſonnage d'un pédant & Ciceron celui d'un vil Rhéteur & d'un lâche. Ils ne ſont traités ainſi que par Catilina, qui a intérêt de les abaiſſer. Vous ſavez bien que l'éloge ou le blâme d'un ſcélérat eſt ſans aucun poids, (*a*) s'il étoit poſſible que les mépris de Catilina pour ces deux Romains fiſſent quelqu'impreſſion déſavantageuſe ſur l'eſprit des Spectateurs, elle s'évanouiroit bientôt par les ſoins qu'on les voit prendre pour ſauver la République & par les ſuccès dont ces mêmes ſoins ſont ſuivis.

Il n'y a jamais qu'un Aſteur qui préférera, pour le jeu ſeulement, le rôle de Catalina à

(*a*) . . . . . Qu'il parle mal ou bien,
Il eſt deshonoré, ſes diſcours ne ſont rien.
G.

D

celui de Ciceron ou de Caton. C'eſt donc à tort que vous accuſez Mr. de Crébillon d'a-voir obligé les Speſtateurs à accorder toute leur eſtime au ſcélérat qu'il a peint tel que Ciceron lui-même dans ſes Catilinaires.

De tout ce que je viens de dire il n'en reſulte pas, comme vous l'aſſurez » que la » morale de cette Piéce n'aboutit qu'à encou-» rager des Catilina, & à donner aux mé-» chans habiles le prix de l'eſtime dûe aux » gens de bien. »

Nous ſommes dans un ſiécle où les Catilina n'auroient pas plus beau jeu que leur modèle.) Aſſurément le prix de ſes crimes n'encoura-gera perſonne à l'imiter. Au ſurplus votre crainte à cet égard ne peut regarder que votre patrie. Je ſuis très-perſuadé qu'elle n'a point donné le jour à un méchant de l'eſpece de celui dont nous parlons, ſi je me trompe dans ma bonne opinion, elle trouvera en vous un ſecond Ciceron. Soyez donc tran-quille ſur les effets de la repréſentation de cette Tragédie.

Vous me diſpenſerez, s'il vous plaît, de faire l'examen de Mahomet & d'Atrée, j'ai déja parlé de la premiere de ces deux Piéces qui est un chef-d'œuvre en tout genre, la seconde a sans doute un mérite supérieur, mais je n'ai pas le temps de faire une discussion générale de toutes les productions de nos Auteurs. Moins j'allongerai mes remarques à cet égard, plus vous devez m'en savoir gré.

Vous vous plaignez qu'on ne fait paroître sur la Scene que des Héros, vous voudriez qu'on nous affecta des mêmes sentimens d'un tendre intérêt pour la simple humanité. Vous êtes le seul qui n'avez par apperçu ou voulu apperçevoir toutes les leçons que la Tragédie fournit à cet égard.

Vous avez vû jouer Mérope, & vous demandez des leçons d'humanité ! O Voltaire ! quel Dieu t'inspira la seconde Scene du second Acte ? O Rousseau ! quel démon te l'a fait oublier ? Fut-il jamais de sentimens plus nobles, plus grands, plus généreux que ceux de Mérope qui veut protéger Égiste lorsqu'elle croit être persuadée qu'il n'est pas son fils ? Écoutons cette Reine :

> Tendons à sa jeunesse une main bienfaisante ;
> C'est un infortuné que le Ciel me présente.
> Il suffit qu'il soit homme & qu'il soit malheureux.

Se plaindre après que la Tragédie est muette lorſqu'il s'agit de donner des leçons d'humanité, c'eſt s'aveugler ſoi-même, c'eſt ſuivre l'erreur, parce qu'on la chérit. Je choiſis cet Ouvrage de M. de Voltaire par prédilection ; mais ſans rien diminuer du mérite de ce grand homme, en le lui faiſant partager avec d'autres, je pourrois citer une nombreuſe multitude de Tragédies qui ne ſont pas de ce ſublime Écrivain, dans leſquelles les leçons de la ſimple humanité ſont auſſi frappantes que répétées. Je regarde donc comme un ſacrifice du cœur fait à l'eſprit cette jolie phraſe que vous nous débitez à ce ſujet : » Les Anciens » avoient des Héros, & mettoient des hommes » ſur leurs Théatres, nous, au contraire, » nous n'y mettons que des Héros, & à peine » avons-nous des hommes.

Je ne ſuis pas ſurpris qu'ayant adopté un ſyſtème, vous cherchiez à le faire recevoir ; mais ce qui m'étonne, ce ſont les moyens que vous employez pour y réuſſir.

» Il n'eſt pas vrai, *dites-vous*, que le meur- » tre & le parricide ſoient toujours odieux au » Théatre ». Et où, s'il vous plaît, paroiſ-

fent-ils fans être des objets d'exécration ? Toutes les mauvaifes raifons que les criminels
apportent, toute la pompe des vers qu'ils
débitent, le ton impofant & fentencieux qu'ils
emploient, tout cela peut-il en faire accroire ?
Belle inftruction, vous écriez-vous, pour le
Parterre ! Mais quel Parterre affez ftupide
pour être la dupe de ce ton impofant & fentencieux ? Vous lui faites bien de l'honneur.

Quel affemblage faites-vous, MONSIEUR,
des crimes les plus énormes & les plus monf-
trueux pour convaincre votre Lecteur que les
combats des gladiateurs n'étoient pas fi barbares que nos Spectacles ? L'adultere, l'incefte,
le parricide, font, à vous entendre, l'ornement de la Scene Françoife. Je fais qu'il eft
quelquefois mention de ces crimes, mais je
n'ignore pas, que s'il faut les bannir du Théatre,
parce qu'ils font friffonner d'horreur, il faut
fupprimer tous les Hiftoriens qui nous en ont
tranfmis le détail. Le récit de ces exécrations
n'eft pas fait pour *parer* la Scene, mais pour infpirer une haine falutaire contre ces abominables
actions. Graces à la fageffe des Loix & du
Gouvernement, ces fcélérateffes ne font pas.

fréquentes ; on en voit pourtant quelquefois de trop funestes exemples ; on ne fait donc pas mal de déclamer contre ces crimes. Au surplus, le nombre des Tragédies auxquelles l'inceste & le parricide servent de sujets, est fort petit en comparaison des autres ; fut-il d'ailleurs plus considérable, ce seroit toujours outrer la matiere que de vouloir nous faire convenir que *les massacres des gladiateurs n'étoient pas si barbares que nos affreux Spectacles.* La représentation de quelque fait que ce puisse être, pourra-t-elle être mise en paralléle avec la réalité d'un mal aussi grand que celui de l'homicide ? Les gladiateurs s'égorgeoient réellement ; les combattans, & quelquefois tous les deux, étoient mis à mort. Chez nous, l'incestueux & le parricide n'ont que l'ombre du crime ; nos Spectacles sont pourtant à votre avis, plus affreux que ceux qui en avoient la réalité. Votre décision passera-t-elle sans appel ?

J'ajouterai encore que nos Auteurs François ont très-grand soin de dérober autant qu'ils peuvent la vuë & le récit même de tous les forfaits trop odieux. Vous excusez les Grecs

qui agiſſoient à cet égard ſans aucun ménagement , parce qu' » ils avoient leurs raiſons, &
» que l'odieux même entroit dans leurs vues.

Voilà qui eſt bient ôt dit ; mais ne voit-on
pas qu'il y a dans ce raiſonnement une volonté
déterminée de décrier abſolument le Théatre
François , lors même qu'il évite les défauts
qu'on reproche aux Grecs ?

Nous avons une Tragédie d'Électre. Sophocle, Euripide, Eſchyle nous en ont laiſſé
chacun une ſur le même ſujet. Quelle comparaiſon ferez-vous de la nôtre avec celle de ces
Anciens ? Vous avez dit plus haut que la plus
belle Tragédie de Sophocle tomberoit tout à
plat ſur notre Théatre. Mais indépendamment
des raiſons que je vous ai déja donné du peu
de ſuccès qu'elle auroit , c'eſt que l'on peut
véritablement reprocher à Sophocle, qu'il n'a
point ménagé la délicateſſe **** ſentiment dans
ſes Ouvrages. Par exemple la cataſtrophe de
ſon Électre , au lieu d'exciter la terreur & la
compaſſion , donne de l'horreur , ce qui paſſe
le tragique. C'eſt la remarque que fait le ſavant
M. Dacier , lorſqu'il dit :

» Je ſuis perſuadé que le ſujet de cette piéce

» paroîtra aujourd'hui trop horrible , & que
» l'on ne pourra souffrir un fils qui tue sa mere,
» & une fille qui exhorte son frere à ce meur-
» tre. En effet , il y a une trop grande atro-
» cité dans cette action. Les Athéniens même
» qui étoient le Peuple du monde qui haïffoit
» le plus les Rois , en ont été choqués ; car
» nous voyons qu'Aristote enseigne de quelle
» maniere Sophocle devoit corriger cette
» atrocité , sans rien changer à la fable. Ce
» Poëte en a diminué l'horreur autant qu'il a
» pu , en relevant extrêmement les malheurs
» d'Electre , & en peignant des plus noires
» couleurs la cruauté & la barbarie de Clytem-
» nestre & d'Égiste. D'ailleurs il a cru instruire
» par-là plus efficacement les hommes de cette
» importante vérité , que ceux qui commet-
» tent de grands crimes , ne sont pas à couvert
» au milieu de leur famille , & que Dieu pour
» rendre leur châtiment plus terrible & plus
» exemplaire , les punit par la main même de
» leurs enfans ; mais cela ne suffit peut-être
» pas pour le justifier.

En effet lorsqu'au cinquiéme Acte Oreste tue
sa mere , on entend Clytemnestre lui adresser

ces tendres paroles : *Mon fils ! mon cher fils !
ayez pitié de celle qui vous a donné la vie.* Il
faut qu'un fils soit bien dénaturé pour tuer sa
mere avec pleine connoissance, lors même
que pour le fléchir elle emploie la voix de la
nature. Electre est à mon avis encore plus
cruelle, à raison de son sexe, à qui la pitié & la
douceur sont des vertus personnelles. Cette
barbare fille entendant sa mere demander la
vie à son fils, lui répond : *Mais auriez-vous
donc eu pitié de lui, & eûtes - vous pitié de notre
pere, lorsque vous l'assassinâtes si cruellement ?*

Je conviendrai avec vous que si nos Tragédies avoient des défauts aussi grands que
ceux-là, vous auriez raison de dire que nos
Spectacles sont affreux : mais trouvez - vous
rien de semblable dans l'Electre Françoise?
Avec quel art le Poëte ne dérobe-t-il pas toute
l'atrocité de l'action ! il nous enseigne la même
morale que l'Ecrivain grec, mais il le fait d'une
maniere qui nous intéresse & qui ne nous révolte pas.

Combien plus ne trouverons - nous pas à
blâmer dans l'Electre d'Eschyle que dans celle
de Sophocle ; on voit sur le Théatre Cly-

temneſtre qui prie ſon fils de ne la pas tuer. (*)
Le ‘même ſujet eſt encore traité d’une maniere
plus horrible dans Euripide. Electre y dit
qu’elle ſe ſent capable de tuer ſa mere de ſa
propre main. En effet elle l’attire dans le
piége ; elle eſt non-ſeulement préſente à ſa
mort ; mais elle encourage ſon frere, & elle
met la main au poignard. Voilà pourtant les
Auteurs que vous excuſez.

,, Si les Grecs, *dites - vous*, ſupportoient de
,, pareils Spectacles, c’étoit comme leur repré-
,, ſentant des antiquités nationales, qui cou-
,, roient de tout tems parmi le peuple, qu’ils
,, avoient leurs raiſons pour ſe rappeller
,, ſans ceſſe, & dont l’odieux même entroit
,, dans leurs vues. ,, Voilà encore une fois les
Grecs diſculpés, & nous qui apportons les tems
péramens les plus ſcrupuleux pour ôter toutes
les horreurs dont leur Théatre étoit rempli,
nous qui ſouffrons à peine le recit de ce qu’ils

(*) Lorſque Sophocle fait dire à Clytemneſtre : *Mon
fils ! mon cher fils ! ayez pitié de celle qui vous a donné
la vie.* On entend ces paroles ſans voir les Acteurs, la
Scene eſt occupée par le chœur, au lieu qu’Eſchyle, fait
paroître Clytemneſtre demandant grace à ſon fils.

y mettoient en action, nous sommes condamnés. L'admirable jugement !

Notre Théatre a des régles qu'il ne peut jamais transgreffer. On ne doit point détruire les Fables reçues, mais on peut manier avec habileté les incidens fans changer le fond de la chofe. C'eft ce qu'Ariftote nous apprend quand il nous enfeigne de quelle maniere il faut fe conduire lorfqu'on a des actions atroces à traiter. Il ne veut point qu'on confomme une action atroce avec connoiffance de caufe. Il veut qu'on agiffe fans connoître & qu'on reconnoiffe fon crime quand il eft fait , ou bien qu'on foit fur le point de le commettre ; mais qu'on le reconnoiffe avant l'execution , ce qui empêche qu'on ne l'acheve. Par ce moyen on fauve au public l'horreur inféparable de tout ce qui eft contre nature. Perfonne ne difconviendra qu'une régle fi fage ne foit obfervée aujourd'hui avec la derniere exactitude.

Après avoir employé toute votre Rhétorique à nous convaincre du mal auquel la Tragédie donne néceffairement lieu, vous en venez à la Comédie. Quel acharnement ! C'eft ici que vous vous déchaînez avec tout le zcle que votre enthoufiafme vous infpire.

„ Tout en eſt mauvais & pernicieux, tout
„ tire à conſéquence pour les Spectateurs, &
„ le plaiſir même du comique étant fondé ſur
„ un vice du cœur humain, c'eſt une ſuite de
„ ce principe, que plus la Comédie eſt agréable
„ & parfaite, plus ſon effet eſt funeſte aux
„ mœurs. „

Vous nous apporterez ſans doute ſur la Comédie d'auſſi bonnes raiſons que celles dont
vous avez fait uſage contre la Tragédie. En
attendant l'examen que j'en ferai, je commence
par nier tout net (à votre exemple) qu'il ſoit
vrai que *l'effet de la Comédie ſoit funeſte aux
mœurs, parceque le plaiſir du comique eſt fondé
ſur un vice du cœur.* Il n'y a dans ce raiſonnement que l'art néceſſaire à la ſéduction. Em-
ployons contre lui les armes d'une vérité claire
& convainquante.

*Le plaiſir du Comique eſt fondé ſur un vice du
cœur.* Pourquoi, s'il vous plaît ? parce que
l'on rit à la Comédie quand un valet ſourbe un
honnête homme, & c'eſt être vicieux que de
rire du mal, parce qu'il ne doit jamais produire que l'indignation. Voilà votre penſée
développée.

Vous auriez raifon de dire que c'eft le propre d'un cœur vicieux que de fentir un certain plaifir quand il voit commettre une mauvaife action.   Refte à favoir de quelle nature eft le plaifir que me donne un valet qui dupe fon maître fur la Scene ; fi le cœur partage ce plaifir, je n'ai point de replique à vous donner. J'ai longtems vu jouer à Paris la Comédie avant d'avoir embraffé l'état de Comédien. Sans difficulté le Théatre de cette ville étant le plus parfait qu'il y ait au monde, c'eft lui qui doit indubitablement faire la plus fenfible impreffion fur les Spectateurs. Eh bien, Monsieur, je vous protefte & je vous jure que jamais Mrs. Armand & Preville, malgré la fupériorité de leurs talens, n'ont affecté mon cœur d'une fenfation voluptueufe, quand avec toute l'adreffe la plus parfaite, ils ont repréfenté quelque perfonnage d'habiles frippons, ou trompé la fimplicité d'un honnête vieillard. J'ai pourtant ri avec tout le parterre, mais mon cœur n'avoit aucune part à ce témoignage de fatisfaction.

Je diftingue deux efpeces de plaifir qu'on peut goûter au Spectacle ; l'un qui va droit au cœur ; l'autre qui n'égaye que l'esprit. Le premier peut être nuisible aux mœurs, s'il est possible qu'une mauvaise action le fasse naître. Or le cœur de l'homme est naturellement trop ami de la droiture pour être délicieusement affecté par la représentation du mal, sur tout quand aucun intérêt personnel n'est assez fort & assez puissant pour obscurcir les lumieres de sa raison, & étouffer le témoignage de sa conscience. Le genre de plaisir que le cœur éprouve à la Comédie, est donc toujours le fruit du bien. La générosité, la bonté, la tendre humanité, voilà ce qui remue l'ame & touche agréablement le cœur. (*) Nanine produit ces effets. Nous avons par malheur trop peu de Comédies faites sur ce modèle. Puissent-elles se multiplier !

Si la plus grande partie de nos Comédies ne ressemblent point à Nanine, elles différent

---

(*) . . . . Voyez dans nos Spectacles
Quand on peint quelque trait de candeur, de bonté,
Où brille en tout son jour la tendre humanité,
Tous les cœurs sont remplis d'une volupté pure,
Et c'est là qu'on entend le cri de la nature.
G.

auffi dans l'efpece de plaifir qu'elles donnent.
Le propre de celui-ci eft d'égayer l'efprit feulement. Je verfe des larmes de joie quand Phi-
lippe Humbert met dans tout fon jour l'innocence & l'amour filiale de Nanine, mon cœur
gros de foupirs fe foulage avec déleftation par
mes yeux. Jamais Hector mettant la main
dans le chapeau du joueur pour efcamoter
quelques piftoles, malgré toute fon adreffe,
ne m'a intéreffé affez délicatement pour me
faire pleurer de plaifir. J'ai ri, mon efprit
goûtoit un moment de récréation; mon cœur
étoit fans fentiment. Ne rit-on pas fouvent de
ce qu'on méprife ?

Vous avez donc tort de dire, que *le plaifir
du Comique eft fondé fur un vice du cœur*, puifque le cœur n'en a jamais éprouvé lorfque la
bonne foi, la fimplicité, ou quelqu'autre
caractère vertueux que ce foit, a été la dupe
d'un vaurien, ou tourné en ridicule par un
mauvais plaifant.

Vous me direz à cela que la Comédie à mon
compte fera toujours pernicieufe, puifque fi
fon plaifir n'eft pas fondé fur un vice du cœur,
il l'eft fur un vice de l'efprit, attendu qu'il

n'eſt pas d'un bon eſprit de rire du ridicule qu'on donne à la ſimple vertu.

Je vous réponds d'abord que c'eſt pointiller ſur le Spectacle avec autant de raffinement qu'on épilogueroit un Sermon. Quoiqu'il en ſoit, j'ai nié tout net qu'il fût vrai que la Comédie fût pernicieuſe aux mœurs. Je ne veux pas vous laiſſer la liberté d'appuyer la preuve de ſes dangereux effets par l'impreſſion qu'elle fera ſur l'eſprit, j'ai démontré qu'elle n'en pouvoit faire qu'une très-bonne ſur le cœur.

L'eſprit peut être égayé fort innocemment par les pointes & les plaiſanteries fines qu'un perſonnage peu ſcrupuleux ſur la probité lâchera contre un parfaitement honnête homme, ſans pour cela être un mauvais eſprit. Je ne ris point de la fourberie en elle-même, je ris de la maniere ingénieuſe dont elle ſe trâme & dont elle s'exécute. L'invention de l'Auteur & l'adreſſe de l'Acteur me font plaiſir. Je ne crois pas avoir rien à me reprocher à cet égard ſur ma façon de penſer. En voici la raiſon : Si je croyois que Scapin ou Sofie trompaſſent réellement leurs vertueux Patrons, je pourrois

rire

rire de leur adreſſe ; mais j'avertirai leur maître. Je rirois cependant, parce que le rire n'eſt pas un ſigne d'approbation. Sur la Scene, je ſais que tout ce qui s'y paſſe eſt un jeu; l'action en elle-même m'eſt donc très-indifférente. J'y vais voir l'image des mœurs, il faut qu'on me la repréſente fidellement. Tous les jours les honnêtes gens ſont les victimes des frippons, j'empêcherai ce malheur tant qu'il ſera en moi, mais je ne ferai pas à cet égard le perſonnage d'Héraclite à la Comédie.

Ne me diriez - vous pas par hazard que mon eſprit ou mon cœur ſont vicieux, parce que je ris quand je vois un Charlatan avaler du plomb fondu ? Je ſuis perſuadé qu'il ne ſe fera pas de mal; j'ai la liberté de rire de ſon adreſſe à en faire accroire aux ſimples. Toutes ces conſidérations ont été pour vous de nulle valeur. Vous vouliez abſolument dire du mal de la Comédie, vous vous êtes ſatisfait. Continuons à rétorquer tous les argumens que vous employez contre elle.

„ Le Théatre de Moliere, à votre avis, eſt une „ école de vices & de mauvaiſes mœurs. . . . . „ Les ſots y ſont les victimes des méchans . . .

,, Cet homme trouble tout l'ordre de la So-
,, ciété. . . . . il tourne en dérifion les refpec-
,, tables droits des peres fur leurs enfans, des
,, maris fur leurs femmes, des maîtres fur
,, leurs ferviteurs ,,.

Si Moliere avoit befoin de juftification à
cet égard, quelque foible que foit ma plume
je la fentirois affurément affez forte pour l'entreprendre. Heureufement on lui rend la juftice qu'il mérite. Il étoit trop honnête homme
pour attaquer volontairement le facré caractere de la vertu, il avoit trop d'efprit pour
avoir pu l'attaquer fans qu'il s'en fût apperçu.
Que n'ai-je le temps d'examiner toutes fes
piéces fans ennuyer le Lecteur. Je lui en ferois
l'expofition pour l'en laiffer le juge! Eft-ce
tourner en dérifion les refpectables droits des
peres, que de faire voir avec quel art un fils
fouftrait à fon pere la connoiffance de fes maî-
treffes & lui fait payer fes dettes ?

Eft-ce tourner en dérifion les refpectables
droits des maris que de montrer combien une
femme eft adroite quand elle veut tromper fon
époux ?

Eft-ce enfin tourner en dérifion les refpectables droits des maîtres que de leur enseigner comment un frippon de valet peut abuser de leur confiance ?

N'est-ce pas l'image de ce qui se passe continuellement ? Pourquoi donc a-t-il tort de l'exposer au grand jour ? parce qu'*il met les rieurs du côté des fourbes*, (*) *que » les applaudisse-» mens sont rarement pour le plus estimable & » presque toujours pour le plus adroit. »*

Censeur austere, vous que l'amour de la vérité échauffe, excite, & transporte ; ô vous zelé défenseur des droits de la simple vertu, répondez : Est-ce de bonne foi & en suivant les lumieres de votre conscience que vous avez voulu persuader à vos Lecteurs que les Comédies de Moliere sont une véritable école de mauvaises mœurs, & en avez-vous regardé comme une preuve les applaudissemens que le Parterre donne à la naïve peinture des vices de la societé ? Fut-il jamais de leçon plus instructive que son Tartufe ? On applaudit cet Hypocrite, mais est-ce le caractere de l'hypocrisie

─────────────────────────

(*) Ridendo dicere verum quid vetat ?
H.
E ij

à qui l'on prodigue les applaudiffemens, ou eft-ce à la vérité avec laquelle il en fait le portrait ? S'intéreffe-t-on pour lui, jugez en au plaifir que tout le Parterre témoigne, quand par un jufte Arrêt du Prince, on le conduit en Prifon & qu'on reftitue au bon homme Orgon tous les biens dont ce traître le vouloit dépouiller ? Quelle morale plus faine que celle d'Arifte ? Ne l'applaudit-on pas ? Si l'on rit de la fimplicité du dévot perfonnage qui eft dupé, c'eft qu'il a un excès d'amour pour le ferpent qu'il échauffe dans fon fein, c'eft qu'il y a un ridicule à Orgon de s'inquiéter avec foin des nouvelles de Tartufe gros & gras, tandis que ce même Orgon n'a aucune follicitude pour une femme vertueufe qui eft malade. La fotife du bon homme fait rire, elle affecteroit bien différemment fi l'on n'étoit pas prévenu que tous les malheurs qui le ménacent ne lui arriveront point. Le rire en cette occafion eft un mouvement involontaire produit par la fingularité de la Scene. Les applaudiffemens qu'on donne à Orgon, quand en fortant de deffous la table il prend le perfide fur le fait, font une preuve de la fatisfaction qu'on reffent de ce qu'il n'a pourtant pas été la victime de fa bonhommie. Je doute, en un mot, qu'il foit poffible de mieux apprendre à fe méfier des Hypocrites que par la repréfentation de cette piéce. N'eft-ce pas une obligation qu'on lui a d'avoir ainfi développé tous les refforts d'un vice d'autant plus à craindre qu'il fe couvre des refpectables dehors de la vertu?

Ce que je dis du Tartufe, je pourrois également le dire de prefque toutes fes piéces, dans lefquelles on rencontre toujours une très-grande morale. Je fais bien qu'on le blâme de n'avoir pas affez épuré quelques unes de fes Scenes où l'on trouve des équivoques, & des plaifanteries un peu trop fortes, mais M O N-S I E U R, *paucis non offendar maculis ubi plura nitent. H.* C'eft un pré immenfe tout émaillé de fleurs, parmi lefquelles on voit encore deux ou trois plantes d'horties. On les a apperçu, elles ne font plus à craindre.

Il eft certain que le bien peut être converti en mal, furtout par quelqu'un qui a de l'efprit. Je fuis donc peu furpris que vous donniez adroitement une mauvaife tournure aux meilleurs ouvrages de ce fameux Auteur. Tout le

monde fait que pour juger d'un fait il ne fuffit
pas d'en faire l'expofition , il faut encore en
rapporter toutes les circonftances ; & voir fi
tout l'acceffoire ne le met pas dans un autre
jour qu'il ne paroîtroit denué de tous fes alen-
tours. Que diriez-vous d'un homme qui pour
diffuader quelqu'un d'acheter un verger déli-
cieux lui feroit gouter le fruit d'un fauvageon
qui fe trouveroit par hazard au milieu d'une
prodigieufe quantité des plus excellents frui-
tiers ? Je vous laiffe le foin d'appliquer cette
comparaifon , & d'apprécier la droiture du
génie d'un tel perfonnage. Comme votre deffein
eft de décrier les ouvrages de Moliere , vous
vous en prenez à fon chef - d'œuvre. Nous
allons voir fi l'équité a dicté votre critique.
Elle me femble d'autant plus dangereufe qu'a-
vant de l'entamer vous avez foin de faire parade d'un efprit de modération , & de douceur qui ne m'a pas paru vous infpirer jufqu'à
préfent. ,, Ne nous prévalons , *c'eft vous qui*
,, *parlez* , ni des irrégularités qui peuvent fe
,, trouver dans les ouvrages de fa jeuneffe , ni
,, de ce qu'il y a de moins bien dans fes autres
,, piéces , & paffons tout d'un coup à celle

„ qu'on reconnoît unanimement pour son
„ chef-d'œuvre : je veux dire le Misantrope. „

Cette indulgence qui veut excufer ce que
tout le monde difculpe aura bientôt des fuites
rigoureufes. C'eft ainfi qu'on couvre de fleurs
le piége qu'on tend à fon ennemi. *Timeo Da-
naos vel dona ferentes.* V. Æn.

„ Il n'a point prétendu, *à votre jugement*,
„ former un honnête homme, mais un homme
„ du monde .... ainfi voulant expofer à la
„ rifée publique tous les défauts oppofés aux
„ qualités de l'homme aimable, de l'homme
„ de focieté, après avoir joué tant d'autres
„ ridicules, il lui reftoit à jouer celui que le
„ monde pardonne le moins, le ridicule de la
„ vertu : c'eft ce qu'il a fait dans le Mifan-
„ trope. „

La vertu n'a jamais de ridicule, elle ne peut
pas même en avoir, mais on peut joindre
beaucoup de ridicule à la maniere dont on s'eft
projetté d'être vertueux. L'excès eft nuifible
dans les meilleures chofes, il devient même
quelquefois criminel. Quand Moliere a fait
jouer le Mifantrope, il n'a jamais eu l'idée de
tourner en ridicule la droiture & la fincérité

d'Alcefte , mais la rudeffe qui accompagne chez lui ces excellentes qualités. Vous vous êtes plaint qu'on ne mettoit fur la Scene que des êtres gigantefques & qui ne reffembloient point aux hommes. Direz-vous que celui-ci ne foit pas la véritable image de beaucoup d'honnêtes gens qu'un tempérament atrabilaire rend infuportables, en obfcurciffant leur mérite? Vous n'approuvez pas qu'il foit queftion au Théatre de crimes, fouffrez donc qu'on y cenfure le ridicule. Où donc en feroit la fociété fi le caractere du Mifantrope, tel que Moliere l'a dépeint, devenoit commun à beaucoup de perfonnes? On ne leur reprocheroit à la vérité aucun vice groffier ; mais l'union, l'amitié , l'efprit de fraternité formeroit-il le lien qui doit unir des citoyens? Les méchans feroient du mal à tout le monde , & les bons ne feroient de bien à perfonne.

Malgré tout ce que vous pourrez imaginer , vous ne perfuaderez à qui que ce foit au monde , que le Mifantrope ne foit un fujet très-propre à être cenfuré.

Vous convenez vous-même qu'*Alcefte a des défauts réels dont on n'a pas tort de rire* & vous faîtes le procès à un homme qui fronde ces défauts. La vénération qu'on doit à la vertu doit - elle aveugler au point en fa faveur qu'on n'ofe pas lui reprocher les ridicules qu'on lui affocie ? Chez un homme tel qu'Alcefte la vertu eft une rofe qui quoique fort belle, ne peut être cueillie par la quantité de fes épines. Souffrez qu'une main adroite les ôte, afin de profiter d'une fi aimable fleur.

Me permettrez-vous , MONSIEUR , d'ofer vous dire que vous n'avez pas faifi le caractere du Mifantrope ? Selon vous , Alcefte eft un homme plein de droiture & de fincérité, qui n'a pas tort de fe déchaîner contre les hommes.

- - - Les uns parcequ'ils font méchans
Et les autres , pour être aux méchans , complaifans.

Je conviens que s'il ne peut avoir de commerce qu'avec de telles gens , il a raifon de dire , qu'il a conçu pour eux une mortelle haine. Voilà le propre de la vertu, haïr finon les méchans , du moins la méchanceté. Auffi Moliere fe feroit bien gardé de le tourner en ridicule, s'il n'eut refufé le commerce que des méchans ou des flateurs. Mais il fait plus , il

veut rompre avec tous les hommes & notamment avec Philinte son ami. Et pourquoi, s'il
vous plait ? Parcequ'il l'a vu saluer & ambrasser une personne qu'il ne connoit pas parfaitement. Voilà le motif du courroux d'Alceste
qui entre comme un furieux sur la Scene, &
qui, sans avoir raison de se plaindre d'un ami
qui veut prendre part au chagrin que lui donne
l'embarras d'un procès, paye ces témoignages
de bienveillance en refusant même de l'écouter.
Il fait plus lorsque Philinte cherche à l'adoucir,
en lui disant avec intérêt :

> Dans vos brusques chagrins je ne puis vous com
>   prendre ,
> Et quoi qu'amis enfin , je suis tout des premiers.

Le Misantrope lui répond durement :

> Moi votre ami ! Rayez cela de vos papiers,
> J'ai fait jusques ici profession de l'être ,
> Mais après ce qu'en vous je viens de voir paroître, &c.

Ne croiriez-vous pas que Philinte a commis
quelque crime ou fait quelque lâcheté pour
être tout à coup rayé du Catalogue des amis
d'Alceste ? Tout le mal consiste pourtant à

avoir porté la politeſſe un peu plus loin qu'il
ne faudroit, en embraſſant un homme qu'il ne
connoit que médiocrement ; c'eſt , à l'avis du
Miſantrope , un ſi grand forfait , qu'il dit :

   - - - Si par malheur j'en avois fait autant,
  Je m'irois de regret pendre tout à l'inſtant.

Voilà la premiere Scene du Miſantrope ,
conféquemment voilà l'expoſition de ſon caractere. C'eſt donc un homme à la vérité vertueux , mais dur , farouche , peu ſociable,
ridicule même , que Moliere a voulu jouer,
& non pas un homme qui ne refuſeroit de
communiquer qu'avec les frippons & les
flateurs.

Ce qui vous fait errer ſur la qualité du
caractere d'Alceſte, c'eſt que vous n'aviez pas
la piéce bien préſente quand vous en avez
entrepris la cenſure. Vous prétendez que le
Miſantrope dit : » qu'il a conçu une haine
» effroyable contre le genre humain, quand
» outré d'avoir vu ſon ami trahir lâchement
» ſon ſentiment , & tromper l'homme qui le
» lui demande , il s'en voit encore plaiſanter
» lui-même au plus fort de ſa colere. Il eſt

» naturel que cette colere dégénere en em-
» portement, & lui faſſe dire alors plus qu'il
» ne penſe de ſang froid. »

Non, MONSIEUR, il dit qu'il a conçu cette
haine effroyable contre le genre humain ſans
avoir encore eu à ſe plaindre de perſonne.
Ce ſont les vices des hommes en général qui
l'enflâment de colere contre les particuliers.
L'homme au ſonnet n'a pas encore paru, ainſi
ſon ami ne s'eſt pas encore moqué de lui. En
un mot, il n'a perſonnellement de griefs contre
qui que ce ſoit, & ſi un tel original eſt ſuſceptible de ſang froid, c'eſt de ſang froid qu'il
lâche toutes ces ſotiſes.

Je ne vous ſuſcite point une querelle ſur le
renverſement que vous faites de la piéce, en
vous abuſant dans vos citations, puiſque vous
avertiſſez, *en cet endroit même*, que peut-être
vous vous trompez à cet égard: cependant
cette erreur vous a fait donner à gauche dans
l'idée que vous vous êtes formé du Miſantrope.
Vis-à-vis quelqu'un dont je ſoupçonnerois la
bonne foi je dirois qu'une pareille mépriſe
peut avoir été volontaire, ſurtout quand on
prend les moyens néceſſaires pour ſe mettre

à labri des reproches , en prévenant par une note que si on se trompe , c'est parcequ'on travaille sans livres & sans mémoire. Il étoit aisé de vous éclaircir. Vous avez négligé de le faire,par la raison que vous ajoutez dans votre note. *Quand mes exemples seroient peu justes , mes raisons ne le seroient pas moins ; attendu qu'elles ne sont point tirées de telle ou telle piéce , mais de l'esprit général du Théatre que j'ai bien étudié.*

On appelle cela vouloir avoir raison bon gré malgré. L'intérêt qu'on prend pour ce qui regarde le Misantrope & le plaisir même qu'on a en le voyant,ne vient point du tout,comme vous l'imaginez, par la raison qu'il n'est pas Misantrope à la lettre , mais c'est qu'il a les plus belles qualités du monde. Moliere pensoit trop bien pour ne pas faire rendre hommage à la vertu de la même personne dont il badinoit les ridicules. Si les Spectateurs ne voudroient point lui ressembler, ce n'est pas encore, quoique vous en disiez , parceque tant de droiture seroit incommode , mais c'est parcequ'il accompagne cette droiture d'un esprit de misantropie contraire à l'honnête societé.

Vous remarquez judiciéufement „ qu'il y a „ un fi grand nombre des propres maximes „ de Moliere dans la bouche d'Alcefte que „ plufieurs ont cru qu'il vouloit fe peindre lui-„ même. „ Si cela eft , il a eu raifon de le faire. Il a donc fenti que fa qualité d'honnête homme étoit altérée par des défauts. Sans doute il cherchoit à s'en corriger. Pourquoi lui faire un crime de ce qu'imaginant qu'il y avoit des gens qui lui reffembloient, il a voulu travailler à leur faire partager le dégré de perfection auquel il s'efforçoit d'atteindre ?

Vous êtes encore dans une bien plus grande erreur fur le fonds du caractere de Philinte, que fur celui du Mifantrope, peu s'en faut que vous n'en faffiez un frippon. » C'eft, *dites-* „ *vous* , un de ces honnêtes gens du grand „ monde, dont les maximes reffemblent beau-„ coup à celles des frippons, ... de ces gens „ qui font toujours content de tout le monde, „ parcequ'ils ne fe foucient de perfonne ; qui „ autour d'une bonne table foutiennent qu'il „ n'eft pas vrai que le peuple ait faim ; qui , „ le gouffet bien garni, trouvent fort mauvais „ qu'on déclame en faveur des pauvres, &c. »

Où, s'il vous plaît, avez-vous reconnu cette façon de penser dans les difcours de Philinte ? L'Auteur en a fait le contrafte du Mifantrope. C'eft un homme doux à la vérité, & d'un commerce aifé, mais il eft fi peu vrai qu'il foit du nombre de ceux *qui ne fe foucient de perfonne*, qu'il marque un véritable intérêt pour ce qui regarde fon ami. Il veut l'accompagner, malgré toutes fes brutalités, chez les Maréchaux de France lorfqu'il y eft cité. Il lui donne des confeils très-falutaires fur le mariage qu'il veut faire avec Celimene dont l'humeur coquette ne peut que caufer beaucoup de défagrément à un mari tel qu'Alcefte furtout. Eft-ce là ne fe foucier de perfonne ? A l'égard de ce que vous dites : *de la bonne table, du gouffet bien garni, du peuple qui a faim.* Je ne puis vous blâmer de l'intention que vous avez eu de vous foulever, ainfi que Mr. de la Bruyere, contre ceux à qui vous reprochez cette infenfibilité qui eft odieufe, mais elle n'a jamais été propre à Philinte. Moliere fe feroit bien gardé de mettre un tel homme en butte aux traits de l'humeur fatyrique d'Alcefte. Sa mifantropie auroit eu un jufte fondement & le ridicule de fa rudeffe n'auróit point forti, comme quand il s'indifpofe & fe courrouce contre un quelqu'un qui joint à un véritable fonds de droiture, l'urbanité & la douceur.

Au furplus tout ce que vous prétendez que Moliere auroit dû faire pour conferver le véritable naturel du Mifantrope eft très-bien raifonné, quand à votre façon de penfer, puifque vous voulez qu'il foit exactement fans défaut; mais l'Auteur n'a pas voulu le peindre tel.

Chez vous le Mifantrope eft un cenfeur perpétuel, mais cenfeur raifonnable, fans paffion, fans aigreur, infenfible à toutes les injuftices qu'on lui peut faire, parcequ'il s'y attend. Chez Moliere, c'eft un homme d'un tempérament bilieux que tout effarouche, qui ne s'offenfe pas feulement du mal, mais de tous les petits ménagemens qu'une politeffe peut-être un peu trop affable, a introduit dans le monde. Chez vous enfin le Mifantrope ne hait que la corruption du genre humain, & chez notre Auteur la haine de cette corruption, & même de ce qui n'en a qu'une foible apparence réjaillit

jufqu'à

jufqu'à un certain point fur les hommes.

Vous croyez qu'on pourroit faire fur votre idée un nouveau Mifantrope. Il ne faudroit pas alors qu'il devint le fujet d'aucune plaifante- rie. Ce féroit à lui au contraire à railler les autres. On ne rempliroit conféquemment pas l'intention de Moliere qui étoit de montrer qu'un excès de vertu trop auftere & mal en- tendue peut rendre blâmable. On donneroit des leçons de morale aux hommes.

Votre cenfeur pourroit même faire rire par mille Epigrammes pleines de fel. Refte à déci- der fi un fujet de cette nature pourroit porter le titre de Mifantrope. Nous avons attaché à ce mot une fignification toute autre que celle d'un jufte critique.

Vous défaprouvez la pointe de la Scene du Sonnet :

> La pefte de la chute , empoifonneur au Diable !
> En euffes-tu fait une à te caffer le nez.

Je vous avouerai qu'elle m'a toujours paru trop baffe & trop triviale dans la bouche d'une perfonne de condition , mais encore une fois , le Poëte a voulu peindre un homme réellement ridicule. Il l'auroit peut-être été affez fans cela.

Je ne penfe pas au refte que Moliere ait adouci la force du caractere d'Alcefte, vis-à-vis l'homme au fonnet, par la feule intention de faire rire le Parterre.

L'embarras du Mifantrope qui ufe de quelques petites bienféances pour dire que le Sonnet ne vaut rien, eft une preuve de la fotife de fa mifantropie. Il eft fi peu honnête & fi peu raifonnable qu'on dife groffiérement à un quelqu'un d'un certain rang qui vient vous montrer un ouvrage, *cela ne vaut rien*, que le Mifantrope, tout Mifantrope qu'il, eft ne fait comment s'y prendre pour fe livrer tout entier à fon peu de politeffe. Les détours dont il ufe en cette occafion, quoique hors de fon caractere, ne le détruifent pas affez pour qu'on dife que le Poëte l'a manqué. On voit à la torture qu'il fe donne qu'il eft toujours le même, & on en conclut feulement qu'il faut qu'il y ait bien de l'abfurdité dans fon humeur, puifque magré toute l'envie qu'il auroit de la fuivre, il héfite.

Remarquez encore, MONSIEUR, qu'il

ne demeure pas long-temps dans cette situation d'esprit, car à l'instant qu'on lui témoigne du mécontentement de la décision qu'il vient de donner, il se livre à ses emportemens ordinaires, & se dédommage bien de la gêne dans laquelle il s'est vu l'espace de deux ou trois minutes. Peut-on rien de moins mésuré que ces termes :

> J'en pourrois par malheur faire d'aussi méchans,
> Mais je me garderois de les montrer aux gens.

Le reconnoissez-vous là ? Un homme peut bien se démentir pendant un espace de tems, sur tout aussi peu considérable, mais *naturam expellas furcâ, tamen usque recurret.* C'est précisément ce qu'il nous prouve.

Vous ne voulez pas que Philinte conseille à Alceste de visiter les Juges, parce que c'est dire, en termes honnêtes, qu'on va chercher à les corrompre. Je ne m'étonne pas que vous vous scandalisiez si fort que l'on se moque d'un homme qui porte tout à l'extrême. Vous êtes intéressé au jeu. La cause d'Alceste est bonne ; Philinte lui représente que sa partie est forte, qu'elle peut entraîner les suffrages

par cabale. Dans cette fuppofition eft-ce fuggerer à un homme de faire une mauvaife
action, que de lui repréfenter combien il eft
de fon intérêt de vifiter les Juges, non pour
les corrompre, mais pour faire valoir fes
droits? Si tous les hommes étoient tels qu'ils
doivent être, ces foins feroient fuperflus ;
mais malheureufement on fait le contraire, &
il peut très-bien arriver que la maniere dont on
expofera la juftice de fes prétentions, empêchera les Juges d'être abufés ; car enfin ce
font des hommes, fujets parconféquent à
l'erreur. La diligence qu'on aura apporté à
leur bien détailler toutes les circonftances
qu'ils ne doivent point ignorer ; bien-loin de
les induire à mal juger, les empêchera au contraire de prêter les mains à l'injuftice. D'ailleurs, tel Magiftrat, qui par quelque confidération particuliere pencheroit du côté qui a
tort, peut être ramené à l'équité par des bonnes & folides remontrances. En un mot, folli-
citer un Juge n'eft un mal que quand on fent
bien qu'on travaille à fubftituer le menfonge
à la vérité. Alcefte & Philinte difent eux-mêmes, qu'ils font bien perfuadés que la caufe

dont il s'agit, eſt bonne, juſte & raiſonnable; ce n'eſt donc pas vouloir faire une méchante action que de viſiter les Juges, pour qu'ils ne ſoient ni aveuglés par la chicane, ni entraînés par la cabale. Je n'irai point prier mon rapporteur pour qu'il donne une bonne tournure à mon affaire, mais je lui ferai appercevoir toutes les menées de ma partie, qui joint le crédit & l'adreſſe pour faſciner les yeux du Tribunal. Un Miſantrope décidé peut fort bien tenir cette conduite, elle prouve même la mauvaiſe opinion qu'il a des hommes; Philinte a donc pu donner à ſon ami le conſeil qu'il lui a cru ſalutaire à cet égard. S'il le refuſe c'eſt qu'il eſt ſi exceſſif dans ſes idées & dans ſes actions, qu'il en devient tout-à-fait condamnable. Ceſſez donc de vous perſuader que vous avez démontré *que dans tout ce qui rend le Miſantrope ridicule, il ne fait que le devoir d'un homme de bien;* il n'auroit point manqué à la droiture quand il ſe ſeroit rendu aux avis de ſon ami. Il auroit au contraire été plus raiſonnable, il n'auroit pas rempli le caractere que l'Auteur lui donne. Avec autant de vertu qu'Alceſte en a, peut-on, me direz-vous,

allier tant de défauts ? La preuve que la chofe
eft poffible , c'eft que Moliere croyoit être
tel. Vous finiffez l'examen de cet Ouvrage par
une phrafe qui mérite bien d'être rapportée
dans toute fon étendue.

„ Puifque *cette piece* eft fans contredit de
„ toutes les Comédies de Moliere celle qui
„ contient la meilleure & la plus faine morale.,
„ fuᵣ celle-là jugeons des autres , & conve-
„ nons que l'intention de l'Auteur étant de
„ plaire à des efprits corrompus , ou fa morale
„ porte au mal , ou le faux bien qu'elle prêche
„ eft plus dangereux que le mal même , en ce
„ qu'il féduit par une apparence de raifon ; en
„ ce qu'il fait préférer l'ufage & les maximes
„ du monde à l'exacte probité ; en ce qu'il
„ fait confifter la fageffe dans un certain milieu
„ entre le vice & la vertu ; en ce qu'au grand
„ foulagement des Spectateurs , il leur per-
', fuade , que pour être honnête homme il fuf-
„ fit de n'être pas un franc fcélérat. „

Je voudrois que vous me difiez pourquoi il
a intention de plaire à des efprits corrompus.
Vous taxez fans doute tous les Spectateurs de
corruption par une fuite de votre principe ,

que c'eft un vice du cœur de rire du mal qu'on voit à la Comédie. Je vous ai démontré fuffifamment, ce me femble, que le rire n'étoit point du tout relatif au mal même, ni un acte d'approbation, & qu'on peut rire de ce qu'on méprife. Vous trouvez encore une autre preuve de corruption dans le rire qui eft provoqué par toutes les extravagances du Mifantrope, parce que felon vous, *dans tout ce qui le rend ridicule, il ne fait que le devoir d'un homme de bien.* Eft-ce ma faute à moi, fi le public ne vous paroît corrompu que parce que vous êtes intéreffé à juftifier Alcefte? Eft-ce encore ma faute fi, parce qu'il eft foncierement honnête homme, vous voulez qu'on lui paffe toutes fes humeurs, fes fantaifies, fes brutalités, fes impertinences même ? D'où vient penfez-vous fur fon compte autrement que celui qui a compofé la Piéce ; & que tous ceux qui la voient jouer ? Encore une fois, ce n'eft point la vertu du Mifantrope qu'on a prétendu tourner en ridicule, ce font tous les défauts qui la rendent fi mauffade qu'il s'en faut peu qu'elle ne dégénere en vice ; car enfin, il n'a plus qu'un pas à faire pour parvenir à haïr tout le genre humain, & comme vous le dites vous-même, „ une pareille haine „ ne feroit pas un défaut, mais une déprava- „ tion de la nature, & le plus grand de tous „ les vices.

Commencez par vous rétracter fur la mauvaife opinion que vous avez de nos Spectateurs ; & par un effort qui vous feroit bien glorieux, parce qu'il vous couteroit beaucoup, convenez de bonne foi, que l'intention de Moliere n'a pas été *de perfuader au grand foulagement des Spectateurs, que pour être honnête homme, il fuffit de n'être pas un franc fcélérat.* Vous devez cette juftice à la mémoire de cet Auteur, que vous flétriffez par une calomnie atroce ; vous la devez enfin à la vérité, puifqu'il eft certain que toute la morale du Mifantrope fe réduit à faire d'un citoyen un homme tout à la fois aimable & vertueux.

Je n'entrerai point dans le détail de toutes vos déclamations contre Regnard & Dancourt. L'élégance de votre ftyle ne m'a pas empêché de m'ennuyer en faifant cette lecture. Ma réponfe produiroit fans difficulté le même effet. Vous êtes d'ailleurs fi emporté, que j'appréhenderois de vous apoſtropher d'une façon peu décente , ſi je voulois commenter cette partie de votre ouvrage. Une plaiſante-rie , mauvaiſe ſi vous voulez , échauffe tout à coup votre bile , & tranſporté par un délire frénétique : *Les Spectateurs* , vous écriez-vous, *ſortent complices des crimes qu'ils ont vû com-mettre ſur la Scene.* . . . . . *Qui ne devient pas filou ſoi-même en s'intéreſſant pour un filou ? car s'intéreſſer pour quelqu'un , qu'eſt-ce autre choſe que ſe mettre à ſa place ?* Que répondre à cela ? Lecteur , j'en ris.

Vous convenez , M O N S I E U R , que nos Auteurs modernes , guidés par de meilleures intentions , font des pieces plus épurées , *qu'elles inſtruiſent beaucoup* , mais qu'elles ennuyent encore davantage. *Autant vaudroit aller au ſermon.* Cette apoſtrophe eſt d'un quelqu'un qui n'y va pas , ou qui n'en entend que de mauvais. Quoiqu'il en ſoit , laiſſez au Comédiens le ſoin de ſe plaindre que les Au-teurs modernes les font prêcher au déſert. Ils font contents d'un grand nombre de nouveau-tés. Vous avouez qu'elles inſtruiſent beau-coup ; ils trouvent leur compte à en donner les réprésentations ; laissez donc jouer la Comédie en paix, sinon, l'on vous dira que vous ressemblez à un fagot d'épines ; par où le prendre ?

Vous connoissez trop, Monsieur, combien la variété est utile, nécessaire même à un Ouvrage, pour ne pas mettre vos lumieres à profit. Il faut de tems en tems soulager l'attention du Lecteur. C'est ce que vous faites de la façon du monde la plus ingénieuse. Après une longue dissertation sur la Comédie & les Comédiens, vous avez craint de causer de l'ennui. Pour éviter cet inconvénient, les femmes vous ont fourni des traits de satyre très-propres à égayer l'esprit fatigué de votre morale *Anti-comédienne.*

J'ignore si vous avez à vous plaindre du sexe ; au cas que cela soit, de quelque nature que puisse être le mécontentement qu'il vous a donné, ma foi, vous n'êtes pas en reste. Vous direz, peut-être, qu'en épousant cette quérelle, je prends trop d'avantage contre vous ; mais qu'importe à un Philosophe ? Vous aurez d'ailleurs, pour soutenir votre parti, ces austeres personnages au teint blême

& livide , qui fe font un devoir de penfer
comme vous par fingularité & par néceffité ;
vous aurez pour vous tous les Diogenes &
les Quakres François ; en un mot, toute
l'efpéce de Philofophes qui vous reffemblent,
& moi je ferai réduit à me confoler de la fupériorité de vos forces avec des hommes. De
quelque côté que demeure la victoire, hazar-
dons le combat.

Il eft très-dangereux , à vous entendre , de
mettre fur la Scene des pieces ,, où les femmes
,, & les jeunes filles deviennent les précepteurs
,, du public ; c'eft leur donner fur les Specta-
,, teurs le même pouvoir qu'elles ont fur leurs
,, amans. En augmentant avec tant de foin
,, l'afcendant des femmes, les hommes en
,, feront-ils mieux gouvernés ? Ne femble-
roit-il pas que la forme du Gouvernement, &
les Conftitutions de l'État vont changer, parce
que nos Actrices ont fçu dire aux hommes qu'ils
devoient éviter tel & tel mal , pour pratiquer
tel & tel bien ? On va partir de là pour donner aux femmes l'adminiftration des affaires &
l'entrée du Confeil. Tout va changer de face ;
elles vont fuperbement s'emparer du glaive, &

nous prendrons humblement la quenouille.
Quel défordre ! quel bouleverfement ! *O tempora ! ô mores !*

Si quelque chofe eft capable d'adoucir les
craintes que vous nous infpirez fi falutaire-
ment, c'eft la parole que vous nous donnez
» qu'il peut y avoir dans le monde quelques
» femmes dignes d'être écoutées d'un honnête
» homme. » Confolons-nous donc & *s'il peut
y avoir* quelque femme de cette efpèce, fans
doute ce fera celle là qui prendra l'*afcendant*
dont vous craignez de les voir jouir à notre
préjudice. Ce n'eft pas au refte que vous ne
connoiffiez tout leur mérite, quand vous apré-
hendez de nous voir fubjugués par leur defpo-
tifme, mais vous craignez *d'avilir notre fexe
en honorant le leur !*

„ Le plus charmant objet de la nature, le
„ plus capable d'émouvoir un cœur fenfible
„ & de le porter au bien, eft, je l'avoue,
„ une femme aimable & vertueufe. „ C'eft
ainfi que vous vous répandez en éloges ! Eft-
il rien de plus flateur, & en même temps de
plus vrai ? pourfuivons, *mais cet objeƈ célefte
où fe cache-t-il ?* Voilà la pointe, voilà le fer-

pent fous les fleurs. Il n'eft donc point, cet objet fi plein de charmes ? ou s'il exifte il eft fi rare & fi déplacé dans la focieté qu'il n'ofe pas s'y montrer. Il eft obligé de fe cacher, *& où fe cache-t-il* ? Une femme aimable & vertueufe tout à la fois ! hélas ! c'eft à votre avis, un être imaginaire. Je vais donc m'écrier avec vous : „ N'eft-il pas bien cruel de le contem„ pler avec tant de plaifir au Théatre pour en „ trouver de fi différens dans la focieté ? „

Mais enfin puifque cet objet ne fe rencontre que dans la peinture qu'en fait le Théatre, aprouvez donc cette peinture, elle eft fi belle qu'elle infpirera aux femmes le defir de reffembler à ce tableau. Vous ne vous plaindrez plus après cela de ne pouvoir rencontrer une femme aimable & vertueufe.

Si vous aviez intitulé votre livre : *Satyre contre les Comédiens & les femmes*, je ne me donnerois pas la peine de vous répondre. Ces fortes d'ouvrages ne font point dangereux, parcequ'on eft prévenu fur les licences qu'ils prennent, mais vous compofez un volume pour détruire les opinions juftes & fages d'un homme refpectable à tous égards, d'un homme

qui plein d'eftime pour votre patrie veut que
l'univers lui doive l'exemple de la raifon fans
préjugé, d'un homme enfin qui eft lui-même
le modéle de ce qu'il propofe : votre livre fe
répand à la faveur des deux noms qui en or-
nent le frontifpice, fouffrez donc que fi l'amour
de votre pays a pu vous fuggerer toutes les
invectives qui font forties de votre plume,
l'amour du mien ne me permette pas de demeurer dans le filence, lorfque vous décochez
les traits les plus envénimés contre l'honneur
& la vertu des Dames Françoifes. C'eft fans
difficulté les apoftropher avec mépris, quand
lorfqu'on eft comme vous, au milieu de la
France, on demande *dans quel endroit de la
terre fe cache une femme vertueufe & aimable ?*

Tout ce que vous dites pour humilier ce
fexe n'en diminuera pas fans doute le mérite,
& ne changera rien à la nature des chofes,
mais vous n'en êtes pas moins repréhenfible.
Vous ne voulez pas que les hommes prennent
des leçons de la part des femmes, *parcequ'elles
ne favent rien, quoiqu'elles jugent de tout.* Ce
reproche d'ignorance eft très-mal fondé, fur tout
dans ce Siécle, où elles ont l'efprit fort orné ;

mais quand il feroit jufte, il y auroit de l'inhu-
manité à le faire. Quelle eft, s'il vous plaît,
la raifon du peu de connoiffances des femmes?
Eft-ce la groffiéreté de leur efprit, le peu de
folidité de leur jugement, la pefanteur de leur
imagination? Nous favons bien le contraire
nous autres hommes. En général elles ont
l'efprit plus fin & plus délicat que nous, le
jugement plus facile, l'imagination plus vive,
elles ont de commun avec nous toutes les bonnes qualités de l'ame & de l'efprit, & par-
deffus nous l'élégance de la taille, les graces
du maintien & les charmes de la figure. Il a
donc été de notre intérêt en les deftinant à nos
plaifirs, de les éloigner de tout ce qui auroit
pu les diftraire du foin que nous avons voulu
qu'elles priffent uniquement à nous plaire.
Nous n'avons ceffé de leur repéter qu'elles
ne font faites dans l'ordre de la nature & de la
fociété que pour nous amufer, & tout au plus
veiller aux foins groffiers & néceffaires d'un
ménage; après cela nous aurons la barbarie de
leur reprocher qu'elles ne favent rien. Jettons
les yeux fur celles qui libres de ce préjugé,
ont ofé entrer en rivalité avec nous. Leurs

écrits , leurs actions n'ont rien d'efféminé:
Mais encore une fois , il est de l'intérêt de
notre amour propre qu'elles nous soient infé-
rieures ; nous fommes les maîtres , & la loi
du plus fort est toujours la meilleure. Si l'efprit de fervitude , auquel nous les affujettif-
fons , ne leur permet point de s'élever au-deffus de l'état que notre volonté leur prefcrit ;
difons cependant à leur honneur , que malgré
toute notre attention à les dégrader ; elles ne
laiffent pas d'avoir leurs Héroïnes, comme nous
nos Héros. Sans parler ici des Élizabeth , des
Médicis , des Marie Therefe , qui , à raifon
de leur fexe , l'emportent fur nos plus grands
hommes ; combien de femmes illuftres dont les
noms font confacrés à jamais au temple de
Mémoire !

Je n'ai jamais pu refléchir fans indignation à
notre injuftice , à l'égard de l'objet de nos
hommages & de nos adorations. Eft-il bien
honorable pour nous de ravaler un fexe au pied
duquel nous fommes tous les jours ? Que fom-
mes-nous donc , fi les femmes font fi méprifables , nous qui dans l'effufion d'un cœur qui
dit ce qu'il penfe , leur jurons une obéïffance

&

& un attachement inviolable. Ce font, direz-
vous, des foibleſſes, mais ces foibleſſes font
ſi générales, ſi fréquentes, ſi réïtérées, qu'elles peuvent paſſer pour un effet néceſſitant de
leurs charmes. En ce cas, la nature a pris ſoin
de les dédommager de notre humeur altiere.
Avec combien de cruauté ne pourroient-elles
pas ſe venger de nous, ſi la vengeance dont
je veux parler, n'anéantiſſoit une partie de
leurs plaiſirs ?

Ce que j'ai dit de notre peu d'équité, à les
avilir, je le dis bien plus de la hardieſſe que nous
avons de déclamer contre leur honneur, nous
qui faiſons conſiſter le nôtre à les en priver.
N'eſt-il pas abſurde que nous nous ſoyons ima-
ginés être en droit de décider impérieuſement
qu'elles doivent être déshonorées pour tomber une ſeule fois dans la même faute dont
nous faiſons un plus grand trophée, à propor-
tion du pouvoir que nous avons eu de la multiplier ? Je ne prétends aſſurément pas juſtifier
par-là le libertinage, il eſt toujours criminel.
Mais je ſoutiens qu'il n'eſt pas plus excuſable
dans l'un que dans l'autre ſexe ; j'ajoûte même,
en tirant une conſéquence de l'opinion que

nous avons de la femme, qu'il devroit être plus honteux & plus déshonorant pour un homme de donner des preuves de sa foiblesse, puisqu'il se prévaut d'un esprit plus élevé & d'un plus ferme courage. Qu'auroit-on à dire en notre faveur, quand après toutes ces considérations nous daignerions rentrer en nous-mêmes pour nous rendre justice sur le métier de suborneurs dont nous faisons hautement profession? Le sexe toujours craintif, & plein de candeur, quand nous ne l'avons pas corrompu, s'effarouche à notre approche, il veut nous éviter. Mais comment se dérober à nos poursuites; nous qui pour le rendre la victime de notre incontinence, savons employer tour-à-tour les attraits voluptueux de la séduction, & les armes presque toujours victorieuses de l'impudence?

Encore une fois, MONSIEUR, ne vous imaginez pas que je veuille autoriser les mauvaises mœurs, quand je semble excuser les écarts du sexe. Ce seroit, diriez-vous, indubitablement une morale de Comédien. Je cherche seulement à prouver, que rien n'est plus opposé à la raison, à la justice, & même au simple sens commun, que le droit que nous nous sommes arrogés d'ériger en gentillesse pour nous, ce qui fait, à notre décision, l'opprobre & la honte des femmes. Concluons que si le libertinage est absolument méprisable dans l'un & l'autre sexe, il faut l'éviter avec soin de part & d'autre.

Après cette disgression dont vous êtes la cause, reprenons notre sujet. Vous avez déclamé tout à votre aise contre le Spectacle qui, selon vous, est nuisible & préjudiciable à tout le monde, mais qui le seroit incomparablement plus à Genève que par tout ailleurs. Sachons en les raisons : Si elles sont justes, rien n'est plus louable que le dessein que vous avez eu de servir votre Patrie, il falloit seulement le faire sans léser tout à la fois, la politesse, la bienséance, la charité Chrétienne, & la vérité. Néanmoins dans le cas où je suppose vos raisonnemens bien fondés, je vous excuserois par le motif de votre zèle, j'en blâmerois seulement la véhémence mal entenduë : mais si au contraire le Spectacle ne peut qu'être utile & avantageux à vos concitoyens, quel esprit vous a pu inspirer ? c'est ce qu'il

faudra tâcher d'approfondir, ce sera nécessai-
rement ignorance, animosité, ou mauvaise
foi. Quant à l'ignorance, vous êtes connu,
je ne prétends pas vous faire un fade compli-
ment en vous disant que vous n'en pouvez
être soupçonné. A l'égard de la mauvaise foi,
je ne juge mal de mon prochain que le plus
tard que je puis, & j'aime à le trouver innocent. Restera l'animosité. Tout homme à ses
foiblesses.

Les Spectacles, vous en convenez, peuvent être utiles dans les grandes Villes, pour
distraire les gens oisifs, que l'inaction peut
entraîner au crime. Il est certain que c'est un
des avantages qu'on en retire, mais c'est le
moindre, par la raison que ceux qui en compo-
sent d'ordinaire le cercle ne sont pas d'assez
mauvaises mœurs pour croire que leur oisiveté
produiroit des forfaits comme vous le dites.
Il faut d'autres plaisirs que la Comédie aux
scélérats. Ce n'est donc pas de ce côté qu'il
faut l'envisager pour en faire valoir le bien.

La Comédie instruit & amuse tout à la fois.
C'est une école de talens, elle fait briller
l'esprit des uns, en éclairant celui des autres;

en un mot, on peut dire qu'aujourd'hui tous les beaux Arts concourent à l'embellissement de son Théatre ; conséquemment elle excite une noble émulation entre les Artistes, qui ne peut manquer d'être d'une utilité très-considérable pour le public. Par tout où les Arts fleurissent les habitans se multiplient, & le commerce agrandit. Si tous les hommes vivoient comme nos premiers peres, ou comme ces Montagnons dont vous nous faites une si brillante description, je me dispenserois de préconiser leur félicité ; mais je regarderois la Comédie comme quelque chose de fort inutile pour eux. Elle pourroit peut-être leur faire appercevoir la différence qu'il y a entre l'aisance & le simple nécessaire, mais comme on ne regrette point un bonheur qu'on ne connoît pas, je penserois qu'il leur seroit plus expédient de vivre dans l'ignorance d'un état plus heureux que le leur, dans la crainte qu'ils ne se servissent de moyens illicites pour y parvenir avec trop de promptitude & de facilité.

Vos concitoyens sont-ils dans cette position ? Ne savent-ils pas apprécier la situation

G iij

d'un homme qui eft obligé de fabriquer fa maifon, & de fe tricoter des bas? Ignorent-ils les avantages d'une noble & eftimable induftrie qui procure à un négociant le bien être? Non fans doute. Or s'ils en connoiffent les agrémens, certainement ils les défirent, conféquemment il leur eft très-expédient de raffembler chez eux tout ce qui peut contribuer à les leur procurer.

Que cet état de fimplicité des habitans des environs de Neufchâtel foit le plus heureux de tous, j'en conviendrai avec vous, à la faveur de la peinture que vous nous en faites qui les rapproche du fiécle d'or imaginaire; mais cette fimplicité qui fait le bonheur de vos Monta-gnons feroit infupportable à la plus grande partie du refte de la terre & nomément à Mrs. les Genevois, ainfi ne tirons point de confé-quence des uns aux autres, puifqu'il n'y a aucun rapport entre eux. Vos Montagnons aiment les racines qu'ils cultivent & qu'ils mangent fans autre aprêt que leur appétit. Les Genevois aiment les truites du Lac bien cuifinées. Il faut fervir tout le monde à fon goût.

Il n'eſt pas en votre pouvoir d'empêcher l'amour des richeſſes & des plaiſirs honnêtes , quiconque a vu ſes voiſins en jouir a ſenti le vuide de leur privation. Les Spectacles bien loin d'appauvrir un pays tel que Genève, le rendront ſans difficulté plus floriſſant. La raiſon en eſt fort ſimple.

Cette ville eſt très-commerçante & ſa ſituation la rend ſuſceptible d'un négoce bien plus étendu que celui qui s'y fait. Elle contient environ 24000 habitans, preſque tous aiſés, & parmi leſquels il y en a de fort riches. Ces derniers quoiqu'occupés de leur Commerce, s'ennuyent ſouvent de la trop grande ſolitude dans laquelle ils ſemblent végéter. Pour s'y dérober ils paſſent en France & y dépenſent leurs revenus dont ils privent leur Patrie. L'exemple de ces déſerteurs n'eſt pas propre à y attirer l'Étranger , au moyen de quoi la conſommation des denrées n'y eſt pas conſidérable. Petit à petit tous ceux qui ſe trouveront dans une paſſe un peu opulente s'accoûtumeront à venir jouir de la vie chez leurs voiſins, pendant cinq ou ſix mois de l'année. Quel préjudice ! on s'appercevra trop tard du tort qu'on a eu de s'oppofer aux plaifirs du public , on voudra y remédier , mais on ne fera pas rentrer les fommes qui feront forties, ni les habitans qui fe feront établis ailleurs, attirés par les agrémens qu'ils y auront rencontrés.

C'eft en vain que pour étayer vos réflexions d'un air de vérité , vous nous repréfentez les Genevois comme un peuple fimple & laborieux , qui fe délaffe de fes travaux dans le fein de fa famille , en careffant fon époufe & fes enfans. Sans vouloir lui difputer les vertus domeftiques qu'il poffède , nous le connoiffons affez pour ne pas ignorer qu'il ne reffemble en rien à vos Montagnons , fi ce n'eft par la droiture du cœur : il aime les arts, les plaifirs , le luxe & toutes les douceurs de la vie. Si on les lui refufe chez lui, il ira bientôt les chercher ailleurs.

Vous ne nous perfuaderez pas au furplus que l'amour du luxe foit contraire au bien de la République. Le luxe n'eft pernicieux que pour les états qui en feront entichés, fans pouvoir fe le procurer par leur commerce, & leur induftrie ; or il eft inconteftable que fi

Genève ambitionne la grandeur & l'opulence, elle eſt à même de ſe ſatisfaire ſans ſe ruiner, puiſque tout contribue à en faire une Ville d'un négoce immenſe. Il ne faut qu'exciter l'induſtrie des habitans, & l'on n'aura pas de peine à y reuſſir. Dès l'inſtant qu'ils connoîtront tout ce qu'ils peuvent à cet égard, & qu'ils en auront quelques exemples devant les yeux, l'émulation ſe mettra de la partie; alors les tréſors que la nature a répandu ſur ce climat ne ſeront pas les ſeuls avantages qui le feront cherir.

L'auſtérité de votre Morale Philoſophique vous perſuade que tout le monde doit penſer comme vous, ſans en avoir les mêmes motifs. Vous voudriez réduire le genre humain à regarder toutes les délices qu'on peut gouter ici bas, comme des êtres contraires à la vertu & au bon ordre; ainſi vous nous exaltez la vie purement champêtre, à peu près comme le doit faire une églogue. Ne ſavez-vous pas qu'il y a longtems qu'on a dit que ſes douceurs ne ſe trouvoient plus que dans une idile ou un payſage? En ſuppoſant même qu'elles puiſſent ſe rencontrer dans quelques hameaux, les mœurs du Village ne peuvent être celles d'une grande Ville.

Toute la jeuneſſe de Genève aime les Spectacles & en demande, pourquoi les lui refuſer ? Si les vieillards s'oppoſent encore à ce qu'elle ſouhaite, c'eſt moins, je crois, parcequ'ils les regardent comme dangereux, que par la crainte de rien innover, & parcequ'il ſe rencontre des eſprits turbulens qui poſſedant l'art d'en impoſer, ſe font un plaiſir de contrarier. Cela donne un air de ſingularité qui diſtingue.

La Comédie à Genève en rendra le ſéjour plus agréable & en amuſant les Citoyens les empêchera d'abandonner leur pays & d'aller diſſiper leurs revenus chez l'Étranger. Premier avantage.

L'heure des Spectacles étant toujours celle du ſoir, le travail n'en ſouffrira point. Au contraire ils raſſembleront pluſieurs fois la ſemaine des gens qui s'éloigneroient de la Ville pour aller ſe divertir ailleurs. Or cet éloignement ne peut avoir lieu ſans un notable préjudice. Le chef d'une famille ne s'abſente guere ſans qu'il en réſulte une négligence dans

fon trafic & une trop grande diffipation dans
fon domeftique. La Comédie remédiera à cet
inconvénient. Second avantage.

Le féjour de Genève, fi gracieux par lui-
même, deviendra plus agréable par l'établiffement d'un Spectacle qui attirera la fréquentation des étrangers. La circulation des efpeces
fera plus abondante. Troifieme avantage.

Chacun voudra partager des plaifirs qui,
fans être difpendieux, couteront toujours
quelque chofe. Il faudra par - conféquent un
furcroît d'induftrie & d'affiduité au travail de
la part du petit bourgeois. Les manufactures fe
perfectionneront & fe multiplieront à mefure
que les dépenfes, qui ne fortiront pas du fein
de la République, deviendront plus confidé-
rables. Quatrieme avantage.

Les jeunes gens apprendront à parler la langue Françoife avec pureté. Les Piéces de
Théatre les inciteront à la connoiffance de la
Fable & de l'Hiftoire. La fociété deviendra plus amicale, parce qu'on fe raffem-
blera plus fouvent. La Peinture, la Mufi-
que, la Poéfie, enfin les beaux Arts y fleu-
riront, & conféquemment le public & le

particulier y gagneront. Cinquieme avantage.

Je ne finirois pas fi j'entrois dans le détail de l'utilité que la Comédie apporteroit à cette République fi fage & fi prudente. Vous nous aſſurez au reſte, que fi quelque choſe doit fortement s'oppoſer à ſon établiſſement, c'eſt la crainte » des inconvéniens qui peuvent naître » de l'exemple des Comédiens ».

Je ne ſuis pas aſſez déraiſonnable pour nier que le mauvais exemple n'ait une force bien puiſſante ; mais s'il eſt facile de le prévenir, qu'aurez-vous à me répondre ?

Vous regardez comme une choſe impoſſible d'avoir tout à la fois des Spectacles & des mœurs. Ce ſeroit, dites-vous, une choſe à voir, car ce ſeroit la premiere fois. Il eſt très-faux que les Comédiens ſoient par-tout auſſi débordés que vous les faites, & quand cela ſeroit, le mal pourroit être ſuſceptible de reméde. Si Monſieur d'Alembert a propoſé de les contenir par la ſévérité des Loix, c'eſt qu'il a cru la choſe facile. Vous n'êtes pas de ce ſentiment. Pourquoi ? *parce que la force de la Loi ſeroit inférieure à celle des vices qu'on voudroit*

*reprimer , & que d'ailleurs les chofes de mœurs ne
fe réglent pas comme celles de droit rigoureux, par
des Édits & des Loix.*

A vous entendre , rien ne peut arrêter la licence des Comédiens ; toutes les Loix les plus fages ne pourroient les contenir. Voilà des gens bien pernicieux. Mais, MONSIEUR, qui vous a conftitué Juge en Ifraël ? Qui vous a découvert les fecrets les plus cachés du cœur humain, pour ofer foutenir que les mêmes gens à qui vous prêtez tant d'amour pour le libertinage, ne défirent pas en fortir ? Qui vous a répondu qu'ils n'en donneroient pas les preuves les moins fufpectes, fi on vouloit prendre la peine d'y faire attention ? Tout le monde fait que ce qui concerne la pureté des mœurs ne peut être réglé par des Édits, comme ce qui regarde le droit rigoureux ; mais au défaut des Édits qui feroient inutiles pour la réforme des mœurs , n'eft-il pas d'autres expédiens ? Que les Comédiens foient regardés chez vous comme ils devroient l'être par tout, c'eft-à-dire, comme des gens très-eftimables & qu'on eftimera quand ils feront leur devoir , & qu'ils fe conduiront avec tou-

tes les bienséances qu'on doit à la société.
Qu'ils soient admis dans les compagnies où l'on
auroit honte du concubinage, ils cesseront de
donner dans ce vice, il faudra donc laisser la
liberté de se marier. Que les Comédiennes aient
l'entrée des maisons où les Dames honorent,
aiment & respectent leurs maris, où enfin
l'honnêteté est scrupuleusement observée; elles
voudront ressembler à celles qu'elles fréquen-
teront. Que tout ce qui est du corps du Spectacle soit assujetti aux Loix séculieres & ecclésiastiques comme le bourgeois; qu'en un mot,
il n'y ait d'autre différence entre les Comédiens & les habitans que celle qui se rencontre
dans l'espece de la profession, c'est-à-dire,
celle qu'on trouve entre un Sculpteur & un
Architecte, vous verrez si dès l'instant que
l'on agira avec eux comme l'équité naturelle
l'exige, ils ne se conduiront pas aussi comme
l'ordonne cette même équité.

Ne savez-vous pas, MONSIEUR, que les
hommes sont ce qu'on veut qu'ils soient?

L'opprobre avilit l'ame & flétrit le courage.

Répandez un vernis honteux sur un métier
quel qu'il soit, vous verrez bientôt ceux qui

l'auront embraſſé ſe dépouiller de cette no-
bleſſe de ſentimens qui entretient l'ame dans
l'élévation.   Si cet effet n'eſt pas abſolument
général , du moins ſera-t-il bien commun.
Que ſi par un barbare & ſtupide préjugé on
juge chez vous les Comédiens comme l'ignorance & le fanatiſme , il vous ſera difficile d'y
introduire une troupe dont les mœurs ſeront
irrépréhenſibles. Il n'eſt pas difficile d'en ſentir
la raiſon. La plûpart des Comédiens n'ont pas
eu une merveilleuſe éducation ; accoûtumés
à la licence d'un état qui ne tient à rien , pour
ainſi dire , du reſte de l'univers , ils éprouvent
l'humiliation , & n'ont ni aſſez d'eſprit, ni
aſſez d'ambition pour chercher à s'y dérober.
Le plus grand nombre d'eux conſacré au Théatre dès leur enfance, parce qu'ils ſont fils de Comédiens , ne ſavent rien au-delà de leurs rôles,
& preſque convaincus qu'ils doivent être
néceſſairement les victimes de l'erreur qui les
flétrit , ils ſubiſſent l'indignité d'un ſort qu'ils
pourroient faire rougir de les outrager. Voilà
l'effet de l'injuſte opinion des ſots.

Que chez vous , au contraire , MONSIEUR,
par un eſprit d'humanité , de juſtice & de

raifon, on juge les Comédiens d'après eux-mêmes, & non d'après leurs prédéceffeurs; qu'on
les mette à portée de fécouer le joug que le
menfonge leur a impofé ; qu'ils foient en un
mot au niveau des autres habitans , vous verrez que beaucoup d'honnêtes gens qui favent
fe diftinguer dans cet état , malgré la force
de l'opinion, ambitionneront l'avantage d'aller
vivre parmi des fages qui ignoreront l'art
odieux de dégrader les hommes. Qu'arrivera
t-il de-là ? C'eft que non-feulement vous aurez des gens à talens , & d'honnêtes gens ,
mais encore vous les aurez à un prix bien au-
deffous de ce qu'ils exigent par-tout ailleurs.
Quel eft le Comédien qui ne préférât pas cent
louis d'appointemens à Genève , où on l'eftimera & où on le vengera du caprice des autres
Nations , à fix mille livres dans un pays où
l'on lui refufera les confidérations dont fa
façon de penfer & d'agir le rendent digne ? J'ofe
affurer qu'il y auroit parmi tous les fujets de la
troupe une généreufe émulation pour juftifier
le difcernement de leurs protecteurs. Vos cenfeurs auroient peu à faire avec eux, je ne doute
pas qu'ils ne s'en ferviffent les uns aux autres.

Au

Au furplus fi quelqu'un d'eux fe rendoit indigne des bontés dont la République honoreroit leur corps, je ferois d'avis qu'on le punit fi rigoureufement, que la peine qu'on lui infligeroit put mettre un frein aux difpofitions de libertinage qui pourroient fe rencontrer dans quelque autre. Non feulement il faudroit le chaffer honteufement de la ville , mais le faire d'une maniere à le flétrir , & à le rendre méprifable à tout le monde. On ne fauroit trop rigoureufement châtier ceux qui par une conduite deshonnête s'aviliffent , & font réjaillir leur infamie fur des innocens.

La preuve qu'il ne feroit pas impoffible de contenir les Comédiens dans une ville où on voudroit les traiter comme je le propofe , c'eft que dans les Cours étrangeres , où le gouvernement Eccléfiaftique ne prodigue pas fi généreufement fes foudres, où on les admet aux Sacremens de l'Eglife, où enfin on fuppofe qu'on peut être honnête homme & déclamer des vers , ils s'y comportent tout autrement que dans les lieux où on les maltraite fans raifon.

Je foutiens quoiqu'on en puiffe dire, que c'eft provoquer le libertinage , que d'interdire aux

hommes les moyens de fatisfaire avec honnêteté aux befoins de la nature. Défendre à
tous les boulangers de me vendre du pain, c'eft
m'obliger à en voler. Ne devroit-on pas ou-
vrir les yeux fur l'inconféquence de la conduite qu'on tient à l'égard des perfonnes de
Spectacle ? Le fouverain Pontife , le Vicaire
immédiat du fils de Dieu , les admet dans le
fein de l'Eglife , les reçoit au nombre de fes
enfans , & les fait participer à tous les tréfors
de grace que la bonté divine a bien voulu
accorder aux hommes ; pourquoi leur réfufer
en France ce que toute l'Italie leur accorde ;
ce que prefque tous les autres Royaumes leur
adjuge ? Le Dieu de Rome & celui de Paris
ne font-ils pas les mêmes ? Que diroit un Sau-
vage qui fimplement guidé par les lumieres de
la droite raifon , mais inftruit de nos myfteres
& de nos Sacremens , viendroit entendre le
Prône dans l'Eglife de St. Sulpice, où le même
Prêtre excommuniera dans la même matinée
les mêmes gens qu'il communiera dans celle de
St. Sauveur ? (a) J'efpere qu'on ne trouvera

____

(a) A Paris les Comédiens Italiens font admis à la
participation de tous les Sacremens de l'Eglife , fans

pas étrange la liberté avec laquelle je fais remarquer cette contradiction, puisqu'on ne fait nulle difficulté de donner matiere à la solidité de mes observations.

On pourroit me répondre à l'objection que je fais sur cette conduite, que si l'on excommunie les Comédiens François, tandis qu'on absout les Comédiens Italiens, c'est à cause de la différence qui se rencontre dans ces deux Théatres. Si la raison est bonne, je dois me taire. Le Théatre Italien plus épuré que le François ! cela est sans replique.

Voilà, direz-vous au moins, des raisonnemens spécieux, mais reste à savoir, *si les loix que le gouvernement dressera pour en imposer aux Comédiens, changeront l'opinion publique, car si cette opinion subsiste toujours ils resteront donc tels qu'ils sont , puisqu'en continuant à les mépriser , ils demeureront dans l'avilissement qui donne lieu à leur peu de délicatesse en matiere de bonnes mœurs.*

avoir , je ne dis pas abjuré, mais renoncé à leur profession. C'est à St. Sauveur qu'ils vont ordinairement partager les dons du Ciel avec le reste des fideles.

Pour prouver que les Loix ne changent point l'opinion publique, vous nous apportez un exemple qui n'a aucun rapport à votre sujet. Le Prince, dites-vous, en décernant un arrêt de mort contre toute personne convaincue de combat assigné, n'a pas remédié au mal. Il a seulement obligé par-là à donner un autre nom à ces sortes de combats, pour éluder ses Ordonnances : ainsi il a compromis son autorité.

Quand la sagesse de nos Monarques a proscrit les duels en France, elle n'a jamais imaginé réussir tout d'un coup à changer l'opinion, & à persuader qu'un homme qui se battroit en duel seroit deshonoré aux yeux du public. Mais c'est parcequ'elle a senti la difficulté de vaincre le préjugé à cet égard, qu'elle a usé des plus grandes rigueurs. Il étoit question d'arrêter le cours de cette férocité. Jugeons des moyens qu'on a employé par leurs effets. L'autorité Royale en ce cas n'a point été compromise, car il est certain que rien n'est plus rare aujourd'hui que les duels ; rien n'étoit au contraire si commun. Je dis plus, non seulement le Roi a arrêté cette fureur, mais il a même forcé en partie de changer l'opinion.

Un homme qui autrefois n'auroit pas accepté un cartel auroit été deshonoré, aujourd'hui le plus brave Officier du Royaume, peut, sans bleffer le point d'honneur, le refufer, en fe contentant de dire à celui qui le lui propofe, mon Maître me défend le duel, je ne fuis pas difficile à rencontrer, attaquez-moi & vous verrez fi l'honneur n'a pas autant de pouvoir fur moi que le devoir. Un tel homme après une réponfe de cette nature agira comme il avoit coutume de faire avant la propofition du duel. On l'attaquera, il fe défendra avec bravoure, & n'aura pas défobéï au Roi. L'agreffeur, à la vérité, fera dans le cas des rigueurs de l'Ordonnance, mais s'il s'eft porté à cette extrémité par un motif indifpenfable du préjugé, ces fortes de cas deviendront d'autant plus rares qu'on faura en apprécier le danger.

Vous dites que fi les duels font moins communs qu'autrefois, ce n'eft pas parcequ'ils font punis, mais c'eft parceque les mœurs ont changé. Pourquoi ce changement de mœurs ne peut-il s'attribuer aux impreffions que l'Edit du Prince a fait fur les efprits ? Il a démontré la brutalité de deux combattans

qui plus féroces que les bêtes, vont de sang
froid s'arracher la vie ; il a prouvé le préjudice qui en réfultoit pour l'Etat en général &
pour les familles des particuliers. On a admiré
la fageffe de fes décrets ; on a craint les peines
qu'il impofoit aux coupables, & afin de ne
pas être dans le cas de les fubir, chacun a
apporté du fien dans la focieté pour en adoucir les mœurs. Les querelles ont par conféquent été moins fréquentes . & les combats
prefqu'abolis.

Quoique vous en puiffiez dire, la force de
l'autorité Royale a été bien plus efficace que
ne l'auroit été *une chambre d'honneur* telle que
vous nous en fourniffez le projet. Pouvez-
vous raifonnablement propofer l'établiffement
d'une jurifdiction, *qui dans des cas où l'honneur
feroit réellement bleffé, permettroit le combat fingulier ?* Lorfqu'un homme aura donné un fouf-
flet à un autre, fera-t-il bienféant que pour fa
fatisfaction on l'envoïe au combat, où peut-
être il fera tué ? S'il prend de lui-même la
réfolution de fe battre, il n'aura à fe plaindre
que de l'opinion qu'il a attaché à l'affront qu'il
a reçu, mais fi pour toute réparation on lui

adjuge la voie des armes, n'aura-t-il pas lieu de murmurer de ce qu'on ne punit pas celui qui lui a ravi son honneur ? Tout homme qui pourra se déterminer à en venir aux plaintes , demande une satisfaction , ce n'en est pas une que d'obtenir la permission de se couper la gorge, car bien des gens diront que le reméde est pire que le mal. Soyez d'ailleurs très-convaincu que l'humeur des François est telle, que si on leur permettoit de se battre en certaines occasions, ils prendroient moins de précautions pour ne pas tomber dans le cas qui donneroit lieu au combat, qu'ils n'en apportent aujourd'hui pour se préserver d'encourir l'indignation de leur Maître. La crainte de perdre son poste, ses honneurs , & les graces qu'on attend pour ses proches, a plus de pouvoir sur le gentilhomme François que l'appréhension de la mort même.

Les Loix peuvent donc , sinon abolir entiérement & tout d'un coup le préjugé , du moins le diminuer , puisque si l'Edit du Prince n'a pas changé totalement l'opinion qu'on avoit des duels, il l'a beaucoup rectifié. Je ne m'étendrai pas plus au long sur ce sujet, il n'eſt de ma compétance que parceque le ſens commun & l'honneur ſont de tout état. Au reſte je vous avoue avec ſincérité , que ſi j'épluchois votre ſyſtême de la chambre d'honneur , je crois qu'il ne me ſeroit pas difficile d'apprêter à rire à vos dépens.

J'ai dit que l'exemple des duels n'avoit rien de concluant pour prouver la difficulté de faire prendre au public une opinion contraire à celle qu'il a des Comédiens. Ie crois ne m'être pas trompé.

Dans l'idée que chaque homme s'eſt formé des duels , il a cru ſon honneur engagé à ne les pas regarder honteux, par la crainte d'être ſoupçonné de poltronnerie. Il eſt donc fort difficile de lui inſpirer d'autres ſentimens. Mais il n'eſt point du tout intéreſſant pour chaque particulier d'enviſager les Comédiens comme des proſcrits, au contraire, le public ſouhaiteroit peut-être qu'on l'autoriſât à lier de commerce avec des gens qu'on peut raiſonnablement rechercher pour leurs talens. On pourroit donc aiſément faire pencher la balance du côté où ſon propre poids l'entraîne déjà. Que ceux qui ont l'autorité en main commencent par remontrer l'injuftice qu'on fait aux perfonnes attachées aux Spe&acles, qu'en conféquence ils les mettent au rang des autres citoyens. Le menu peuple en fera d'a-bord furpris, petit à petit il raifonnera fur cet évenement, comme il en entendra parler par ceux qui lui font fupérieurs, enfin il penfera comme fes maîtres. *Regis ad exemplum totus componitur orbis.*

Il me femble vous entendre tirer de cette citation un argument contre moi. Si, direz-vous, le fujet régle fes jugemens fur ceux de fon Roi, d'où vient les Comédiens font-ils méprifés en France, puifque le Monarque les penfionne? Cette preuve de bonté feroit plus que fuffifante pour anéantir toute prévention, fi nos Eccléfiaftiques n'en diminuoient l'effet par leurs cenfures. A Vienne un Comédien à talens & honnête homme a fouvent part aux graces de la Cour, & toujours à l'eftime & à la confidération publique. Si le Spe&acle François y avoit un établiffement auffi affuré qu'à Paris, ceux qui le compofent feroient encore régardés fur un bien meilleur ton.

J'ajouterai, pour prouver que l'opinion

qu'on auroit à Genève des Comédiens feroit telle que le Gouvernement la voudroit, qu'on eſt fort porté à très-bien juger d'eux. Nous en avons des certitudes par l'éloge que la troupe du ſieur le Moine fait des Citoyens. Ajoutez à ce témoignage les marques de bien-veillance dont toute la jeuneſſe de la Ville a comblé le ſieur d'Auberval, Comédien de Lyon, qui fût obligé d'y paſſer quelque tems l'avant derniere automne. En exaltant la ſageſſe du Gouvernement, l'ordre de la Police, la beauté du pays, il ne ceſſoit à ſon retour de nous entretenir de l'accueil gracieux dont les jeunes gens, & même les principales maiſons l'avoient favoriſé. Tout le monde, dit-il, marquoit une grande envie d'avoir un Spec-tacle, & il n'étoit pas difficile de s'apperce-voir que le ſage Genevois ſait aſſigner à cha-que homme ſa propre valeur.

De tout ce que j'ai dit il faut tirer cette con-ſéquence, qu'il ſera aiſé d'empêcher que les Comédiens ſoient regardés avec mépris à Genève, & qu'ainſi n'étant plus avilis, leurs mœurs ſe reſſentiront du dégré d'eſtime qu'on leur accordera.

Après avoir prouvé qu'on feroit porté à les confiderer, il eft queftion de faire voir, s'ils pourroient mériter cette confidération. Je fuis certain que quelques petits foins de la part des Magiftrats fuffiroient pour les fouftraire à l'opprobre, refte à favoir fi la Loi feroit capable de leur en impofer.

J'ai cru avoir déja fuffifamment démontré que fi Genève vouloit mettre le Spectacle au niveau des autres talens, elle auroit bientôt des Comédiens de mérite. Je me fuis fans doute trop avancé, puifque vous nous faites la grace de décider qu'il n'eft pas poffible qu'ils foient honnêtes gens, *parceque c'eft un état de licence & de mauvaifes mœurs.* Cette licence & ces mauvaifes mœurs font-ils abfolument & indifpenfablement attachés à cette profeffion ? Tous ceux qui l'exercent aujourd'hui font-ils des débauchés, & en laiffant fubfifter cette fauffe & outrageante fuppofition, n'y a-t-il pas moyen de mettre un frein à leur libertinage ? N'y aura-t-il donc que contre la Comédie que les Loix feront fans force & fans vigueur ? La Police a trouvé dans certains pays le fecret de donner une apparence d'hon-

nêteté aux chofes les plus deshonnêtes. Ne
pourra-t-on réuffir à obliger une trentaine de
perfonnes à vivre & à fe conduire comme
de bons & de paifibles citoyens ?

Dès qu'on les aura intéreffé à mener une
vie irréprochable, fitôt qu'ils partageront
l'eftime qu'on doit aux hommes vertueux, ils
s'emprefferont à le devenir & s'il en eft quelqu'un qui s'égare, il fera facile de remédier
à cet abus.

Une troupe de quinze perfonnes en tout
feroit fuffifante à Genève. Or j'engagerois ma
tête qu'elle feroit bientôt telle qu'on la peut
défirer, fi on lui accordoit les avantages dont
j'ai parlé. On feroit, je penfe, plus occupé à
refufer de très-bons fujets qu'à en chercher.
Pour parvenir à l'exécution du plan que je
m'en fais, voici, je crois, les moyens les
plus aifés.

Premierement il faudroit que ce fut le corps
de Ville qui fe chargeât de la direction. On
nommeroit quatre Commiffaires, qui mettroient
à la tête du Spectacle, comme Directeur honoraire, un homme de probité. Ce feroit aux
Commiffaires à faire les informations nécef-

faires à cet égard. Il feroit expédient qu'il fût marié.

Secondement, le Directeur honoraire propofé pour faire contracter les engagemens ne prendroit aucun fujet fans le connoître. C'eft la chofe du monde la plus aifée. Les Comédiens à cet égard reffemblent aux grands ; ils ne peuvent faire la moindre baffeffe que tout le Royaume où ils font, & même les étrangers, n'en foient inftruits.

Troifiemement, on ne fouffriroit pas qu'aucun Acteur vécut avec une Actrice fans avoir de bons extraits de mariage en forme, & il faudroit ne point fermer les yeux fur ce chapitre.

Quatriemement, il ne feroit pas permis aux Comédiens de différent fexe de demeurer dans la même maifon. Chaque hôte feroit tenu de ne recevoir pour locataires que ceux à qui les Commiffaires auroient donné des billets de logement à lui adreffés.

Cinquiemement, il feroit expreffément défendu aux Comédiens & Comédiennes de porter or, argent & pierreries, excepté fur leurs habits de Théatre. Il leur feroit au furplus ordonné de fe vêtir & coëffer comme les honnêtes gens du pays, & fans aucune affectation.

Sixiemement, le Directeur honoraire feroit toujours obligé d'affifter à toutes les affemblées pour prévenir les difputes d'emploi. Il auroit le droit de prononcer & de mettre à l'amende celui ou celle qui manqueroit au devoir de la politeffe & de la bienféance.

Septiemement, il feroit publié une Ordonnance à tous les Marchands pour leur défendre de faire le moindre crédit, fans une permiffion fignée des Commiffaires qui la donneroient en certaines occafions indifpenfables, mais qui retiendroient fur les appointemens de quoi payer la dette.

Huitiemement, la recette feroit tous les jours portée chez les Commiffaires qui payeroient ou par mois ou par quartier. Le fonds de la Caiffe qui excéderoit les appointemens feroit deftiné à l'entretien & l'ornement de la Salle.

Avec ces précautions & quelques autres encore, il feroit aifé de prévenir tous les abus que vous craignez de la part des Comédiens. Au furplus, je fuis très-affuré que vos cenfeurs ne seroient pas fort occupés avec eux, dès qu'on feroit les diligences convenables pour avoir d'honnêtes gens & qu'on les traiteroit comme tels.

Il ne me paroît pas au reste qu'il soit extrêmement néceffaire que la ville fe charge de la direction, je le propofe comme un plus grand bien, & voici mes raifons.

Les fujets perfuadés qu'ils ne courroient aucun rifque pour leurs appointemens, fe donneroient à meilleur compte. Lorfqu'au bout de l'année les recettes feroient plus abondantes que les dépenfes, la Ville difpoferoit du reftant en faveur des pauvres, ou fi elle vouloit que cet argent fut uniquement confacré au Spectacle, elle en feroit un fonds, pour donner de petites penfions aux Acteurs qui pendant dix ou quinze ans auroient contribué à fes plaifirs, & fe feroient attiré les applaudiffemens autant par leurs talens que par leurs mœurs. La Comédie deviendroit alors un établiffement folide. Que d'honnêtes gens le rechercheroient !

Tout ce qui feroit du reffort du Spectacle feroit de la compétance des quatre Commif-

faires, qui ordonneroient toutes les punitions
qu'ils croiroient juftes & raifonnables, à l'ex-
ception des peines corporelles. Par ce moyen
on n'occuperoit point les autres Tribunaux à
des matieres étrangeres pour eux.

Je ne veux plus actuellement qu'examiner
fi la Ville pourroit fuffire à l'entretien d'une
Comédie. Sans entrer dans un calcul ennuyeux
j'ai dit que quinze fujets fuffiroient, j'en veux
payer fix fur le pied de mille écus, & les neuf
autres fur celui de deux mille livres, voilà
qui fait en tout trente-fix mille francs. Les
Comédiens joueront quatre fois la femaine:
Que les repréfentations, l'une portant l'autre,
aillent feulement à deux cens francs, voilà
près de quarante mille livres. Joignez-y des
Bals, & ce fera un furcroît de gain. C'eft,
direz-vous, un argent dont on prive la République. Point du tout. Le Spectacle étant
ftable, la confommation s'en fera dans fes
Etats, ce qui devient pour lors une affaire de
circulation. Vos concitoyens n'y perdront
rien, car ce qui fera enlevé à l'ouvrier d'une
Manufacture rentrera chez le boulanger. Quel
dommage peut-il en réfulter pour Genève?
Qu'un

Qu'un Directeur paffager aille s'établir dans vos Fauxbourgs , au bout de fix mois il vous quitte & vous emporte le furplus de l'argent qu'il n'a pas confommé chez vous ; mais quand vos efpéces ne fortiront pas de votre pays , elles ne feront que changer d'une main à l'autre. Voilà l'effet du Commerce...

S'il falloit répondre à toutes les infamies que vous vomiffez contre les Comédiens , il faudroit être ou fans éducation , ou s'armer d'une patience auffi grande que celle de Job. Comment en effet demeurer dans les bornes de la modération vis-à-vis un homme qui de fang froid , fe fait un détestable plaifir de vous déchirer avec une malice fans exemple ? Le plus fage feroit peut - être de méprifer la calomnie , & c'eft indubitablement le parti que je prendrois , fi votre livre ne devoit tomber qu'entre les mains de perfonnes raifonnables. Mais il eft des petits efprits , fcrupuleux & prévenus , qui le liront , & qui s'affermiront dans leurs fauffes oppinions par l'expofition artificieufe des vôtres. Il faut donc faire de généreux efforts pour les détromper. C'eft le feul but que je me propofe

en vous écrivant ; car pour les fanatiques &
les bigots, je tiens toute cette efpéce trop
méprifable pour me donner la peine de leur
parler bon fens. En ont-ils ?

Je paffe fous filence toutes vos invectives,
& je viens à cet endroit de votre livre, où
vous dites : » qu'à Paris même où les Comé-
» diens ont plus de confidération & une meil-
» leure conduite que partout ailleurs , un
» Bourgeois craindroit de fréquenter ces mê-
» mes Comédiens , qu'on voit tous les jours
» à la table des Grands. »

Vous imaginez - vous que je puiffe vous
fuppofer affez peu d'efprit pour avoir voulu
tirer aucune conféquence qui nous foit défa-
vantageufe par ce raifonnement ? La conduite
du Bourgeois eft une fuite du préjugé qu'il
défaprouve peut - être , mais qu'il n'ofe pas
encore fécouer tout-à-fait. J'ai fuffifamment
montré combien il eft injufte en prouvant
qu'il a pris fa fource dans la crapule des Baladins. Les Grands qui font faits pour donner le
ton , n'ignorent pas cette vérité, ils veulent
détruire par leur exemple l'erreur populaire ,
ils y réuffiront fans doute , le Bourgeois en

fera charmé. Ne peut-on pas dire auffi que fi le Comédien n'eft point lié avec le Bourgeois, c'eft parcequ'il n'en recherche pas la fréquentation ? Accoutumé à jouir auprès des Grands des marques de diftinction & de bienveillance que les talens méritent, il craint d'éprouver quélque petite mortification dans une maifon où les maîtres quoique polis & très-attentifs pourront recevoir quelque compagnie qui ne leur reffemblera pas. Je vous dirois bien, fi je voulois, qu'il eft abfolument faux que les Comédiens foient à Paris comme ailleurs fans aucune intimité avec les Bourgeois. Mille exemples dans cette Capitale, comme dans les autres villes du Royaume, m'y autoriferoient. Qu'auriez-vous à répondre ?

La remarque que vous faites fur cette fameufe Actrice que les Anglois ont inhumé à côté de leurs Rois, eft peut-être la preuve de mauvaife foi la plus caractérifée qu'on puiffe imaginer. Rapportons-la dans toute fon étendue. J'en rougis pour vous.

» Si les Anglois ont inhumé la célébre Old-
» fied à côté de leurs Rois, ce n'étoit pas fon
» métier, mais fon talent qu'ils vouloient hon-

» norer. Chez eux les grands talens annoblif-
» fent dans les moindres états ; les petits àvi-
» liffent dans les plus illuftres. Et quant à la
» profeffion des Comédiens, les mauvais &
» les médiocres font méprifés à Londres, au-
» tant ou plus que partout ailleurs. »

En accordant la fépulture des Rois à cette illuftre Actrice, on honoroit fon talent, mais non fon métier. Dites-moi, s'il vous plaît, s'il eft poffible d'honorer le talent du Comédien, fans faire honneur à fon métier, puifque le talent en eft l'effence ? D'ailleurs tout métier dont l'exercice pourra mettre celui qui l'a embraffé à même de prétendre à un dégré de gloire auffi éminent que celui d'être en-terré parmi les Rois, ne paffera jamais pour être honteux. Qu'ont fait les Anglois fi la profeffion de Comédien eft infame ? Ils ont proportionné la grandeur de leur hommage à l'habileté de la Comédienne à faire valoir l'in-famie ? Car enfin quel étoit ce talent qu'on honoroit ?

L'art de fe contrefaire, de revêtir un autre caractere que le fien, de paroître différente de ce qu'elle étoit, de fe paffionner de fang froid, de dire autre chofe que ce quelle penfoit réellement, telle eſt mot à mot la définition que vous faites du talent du Comédien page 143, pour prouver ce que vous avez dit quatre lignes plus haut, que *cette profeſſion eſt deshonorante.* Voilà cependant quel étoit le talent pour lequel on a enterré la fublime Oldfield parmi les Rois. Selon vous la nature de ce talent conſtitue le deshonneur de la profeſſion du Comédien, donc ce talent eſt honteux par luimême, donc les Anglois ont aſſocié l'opprobre à la Majeſté des tombeaux de leurs Maîtres.

Continuons à examiner toute cette note que j'ai tranfcrit fidélement. *Chez eux les grands talens annobliſſent dans les moindres états ; les petits aviliſſent dans les plus illuſtres.* Il faut fuppofer, fans conteſtation, que les moindres états où les talens annobliſſent n'ont rien de honteux *par eux - mêmes*, or vous nous aſſurez que l'état de Comédien eſt deshonorant *par lui-même.* Comment les talens y peuvent-ils annoblir ?

Et quant à la profeſſion des Comédiens, les mauvais & les médiocres font méprifés à Londres autant ou plus que partout ailleurs.

I iij

S'il n'y a à Londres que les mauvais & les médiocres Comédiens qui foient méprifés, ce n'eft donc pas à raifon de la nature de leur profeffion, mais c'eft parcequ'ils l'exercent mal, c'eft parceque, comme vous le remarquez, les petits talens aviliffent dans les plus illuftres états. On pourroit au furplus vous dire que fi l'on méprifoit totalement les médiocres Comédiens il y auroit beaucoup d'injuftice, puifque les plus excellents n'ont pas toujours été tels ; on ne leur accorde pas les mêmes témoignages de bienveillance & de confidération qu'aux bons ; mais comment entretiendroit-on l'émulation fi on les jugeoit irrévocablement mauvais, lorfqu'ils commencent, & qu'en conféquence on les méprifât ? J'aimerois autant dire qu'on ne fait aucun cas de tous les gens d'efprit qui ne font pas décorés de quelque marque d'honneur, parceque le Roi donne l'ordre de St. Michel à ceux en qui il reconnoît une fupériorité de genie extraordinaire.

» Quel eft, demandez-vous, le métier du » Comédien ? c'eft un métier par lequel il fe » donne en repréfentation pour de l'argent, &

» fe foumet à l'ignominie & aux affronts qu'on » achette le droit de lui faire. » Je vous répondrai moi que le métier du Comédien eft l'art de faire valoir fes propres talens & ceux des autres. Que n'en avons-nous eu d'affez éminens pour avoir pu empêcher la chute de votre Comédie de *Narciffe ou l'amant de lui-même !*

Si notre profeffion eft deshonnête, *parceque nous nous donnons en repréfentation pour de l'argent ,* nous avons cela de commun avec les Auteurs *qui fe foumettent auffi à l'ignominie & aux affronts qu'on achette le droit de leur faire ,* lorfqu'après nous avoir vendu leurs piéces, ils attendent le jugement qu'en portera le Par_ terre. Le fiflet eft auffi rédoutable pour eux que pour nous, ils tirent un lucre de leurs productions, concluons que quiconque fait une Comédie partage notre honte. Vous en avez fait une mauvaife , *les petits talens avilif-fent dans toute forte d'états ,* vous voilà auffi infame que nous. Faifons la paix , de quoi puis-je me plaindre ? Vous nous avez méfuré à votre aune.

Revenons toutefois fur nos pas. Ne croyez point que je ferois confolé de l'infamie parcequ'elle nous feroit commune. L'argument que je viens de tirer vous prouvera jufqu'à quel point on s'aveugle lorfqu'on écrit avec partialité. Je veux à préfent vous faire voir qu'il n'y a rien de deshonnête dans le métier du Comédien, confideré même du côté que vous nous le repréfentez.

Tirer de l'argent du public & fe foumettre à fa décifion n'eft point du tout une chofe humiliante. Les plus habiles Peintres de l'Italie expofoient autrefois leurs ouvrages à la cenfure du peuple, & ne fe croyoient point avilis quand on critiquoit leurs défauts. C'eft, ironie à part, ce que font réellement aujourd'hui tous les Auteurs, & il eft fi peu vrai qu'on achette le droit de faire des affronts aux Comédiens & aux Poëtes, que la fageffe des Ordonnances a prefcrit des punitions pour arrêter cette licence. Si elle étoit tolerée autrefois, c'étoit par une fuite du préjugé qu'on avoit contre les Comédiens, occafionné par les abfurdités des maudits batteleurs, avec lefquels l'ignorance les avoit confondu. Il n'y a pas plus de honte à faire payer les places à la Comédie que les chaifes au Sermon. Ce n'eft pas, direz-vous, pour le Prédicateur qu'on exige cet. argent, non, mais c'eft au profit d'une Communauté dont il fait membre.

J'aurois imaginé qu'après tout ce que votre mauvaife humeur vous a dejà fuggeré contre les Comédiens, vous vous feriez laffé de les maltraiter. Je vous avoue que je ne m'attendois pas au trait que vous lancez ici contre eux.

Vous infinuez d'abord qu'ils abuferont du ton de galanterie, auquel ils font exercés pour féduire l'innocence des jeunes perfonnes, & vous ajoutez: » Ces valets filoux fi fubtils » de la langue & de la main fur la Scene, dans » les befoins d'un métier plus difpendieux que » lucratif, n'auront-ils jamais de diftractions » utiles ? Ne prendront-ils jamais la bourfe » d'un fils prodigue ou d'un pere avare pour » celle de Léandre ou d'Argan ? » Je vous avoue qu'on ne peut plus effrontément dire aux gens en face qu'ils font des frippons, ou que du moins on doit le préfumer : Surtout lorfqu'on a foin de joindre à cette apof-

» trophe : » Par tout la tentation de mal faire
» augmente avec la facilité. »

Il eſt trop au deſſous de moi de répondre à
des groſſiéretés de cette nature. Tous ceux qui
penſent en ſeront indignés, & ſi par hazard
mes lecteurs trouvoient quelque choſe d'un
peu trop dur dans certains endroits de mon
livre, j'oſe me flater qu'ils ne croiront pas
que vous ayez à vous plaindre de ma vivacité,
lors qu'ils auront vu cet article.

Il me ſemble vous avoir déja dit, que je ne
prétendois pas excuſer le libertinage qui n'eſt
que trop commun parmi beaucoup de perſon-
nes attachées au Spectacle. Je ne veux que
prouver qu'il eſt poſſible de l'arrêter, & qu'il
n'eſt pas auſſi général que vous le dites. Le
déſordre que vous reprochez aux Actrices,
n'aura pas lieu à Genève, lorſqu'on leur donnera la permiſſion de paſſer pour honnêtes
femmes. En France, il ſemble que ce nom
d'Actrice ſoit ſynonyme à celui de débauchée,
& quoiqu'il ſoit très-certain qu'il y en ait pluſieurs dont la conduite eſt irréprochable, on
croit ſi peu à la poſſibilité de leur vertu, qu'on
la tourne ſouvent en ridicule. Leur maintien

réfervé eft, dit-on, l'art de fe faire valoir, leur fageffe hypocrifie, & leur air de décence manége. Tout l'avantage qu'elles tirent de leur honnêteté, eft dans le témoignage de leur confcience. Je fais que le peu de délicateffe de quelques-unes autorifent, pour ainfi dire, le public à mal juger de toutes; mais auffi je n'ignore pas que ce jugement eft la principale & premiere caufe du libertinage. On a beau dire qu'il faut faire le bien pour lui-même. L'amour propre veut toujours être de la partie. Le charme de la vertu confondu avec le vice, eft-il auffi attrayant dans cet état d'obfcurité que lorfqu'il brille dans tout l'éclat qu'il reçoit de l'hommage public? Le préjugé défavantageux qu'on a conçu des Comédiennes, eft donc la premiere fource du mal. L'impoffibilité où elles font de cacher abfolument leurs foibleffes, l'aggrave, & le foin de leurs amans à les divulguer, y met le comble.

Qu'une femme jeune & jolie ait une fois mis le pied fur les planches, elle ne manquera pas de trouver des adorateurs qui joindront à l'art d'un douceureux langage, la féduifante amorce des richeſſes. Toute une ville a lès yeux ouverts ſur elle, & l'on aſſure ſon deshonneur avant qu'elle ait encore mérité qu'on l'en ſoupçonne. Que ſera-ce lorſqu'elle aura eu le malheur de tomber dans une faute que toute ſon adreſſe ne peut dérober à la connoiſſance de ſes camarades, à raiſon de mille circonſtances dont le public aura le plaiſir d'entendre le récit aux caffés ? Son amant en fera trophée ; car quoiqu'il en ſoit, qui dit une Comédienne dont on prend plaiſir à parler, ſuppoſe une perſonne dans ſon printems, aimable & gentille. Il eſt du bon ton de l'afficher, on ne riſque d'ailleurs rien à le faire ; auſſi garde-t-on ſi peu de meſures, que tel qui eſt reçu clandeſtinement, & qui ne doit ſon triomphe qu'à des aſſiduités & à des ſoins multipliés, ſe fait un devoir de décrier ſa maîtreſſe par des récits de petits ſoupers & d'autres parties fines, qui n'ont rien de plus vrai que la collation, la muſique, & les feux d'artifices du Menteur. Quelle concluſion faut-il tirer de tout cela ? C'eſt que les Comédiennes pourroient faire aſſaut de vertu avec beaucoup de femmes qu'on reſpecte, ſi celles-ci n'avoient par-deſſus celles-là , l'avantage de jouir d'une heureuſe obſcurité , à la faveur de laquelle elles mettent leur honneur à couvert.

Je parle ici des Aĉtrices qui ſe reprochent les fautes qu'elles commettent , & auxquelles la ſéduĉtion , le cœur , & quelquefois même la néceſſité ont part ; car pour celles

> Qui goûtant dans le crime une honteuſe paix ,
> Ont ſçu ſe faire un front qui ne rougit jamais ,

je déclare que je les mépriſe plus que vous-même , & ſi quelque choſe doit rebuter avec raiſon , de fréquenter le Speĉtacle , c'eſt ſans contredit , cette indigne enſeigne de proſtitution dont quelques-unes font parade. Au ſurplus , ſi elles ſont ſi mépriſables , doit-on beaucoup eſtimer les groſſiers adorateurs de leurs appas ? Si lorſqu'une femme , à la honte de ſon ſexe , vient au milieu d'un Amphithéa-tre , ou dans les couliſſes étaler l'impudence & l'effronterie , parler à l'oreille de celui-ci , minauder avec celui-là , lancer des coups d'œil à l'un , éclater de rire avec l'autre , offrir enfin , lâchons le mot , à tout venant beau jeu , & attirer par-là les regards de tout un public qui, au lieu de s'occuper des Acteurs, en détourne la vue pour la fixer fur un objet qu'on ne confidére qu'avec indignation ; fi, dis-je, lorfqu'elle brave ainfi les refpectables droits de la bienféance, elle n'étoit payée de toutes fes gentilleffes que par le dédain qu'elle mérite, elle fe lafferoit bientôt de jouer un rôle dont elle ne foutient la fatigue que par les avantages pécunieux qu'elle efpére en retirer.

Heureufement cette efpece de chenille de Théatre n'eft pas commune, mais le fut-elle encore moins, elle le feroit toujours trop, puifqu'on eft affez injufte pour juger du général par le particulier. Je voudrois qu'il me fût permis de nommer ici toutes les Actrices qui joignent des talens fupérieurs à la régularité des mœurs, on verroit que fi, malgré tous les piéges qu'on leur tend, il en refte encore un fi grand nombre qui font dignes de notre eftime, il eft conféquemment indubitable qu'on réüffiroit aifément à former une troupe de Comédiens telle que le fage M. d'Alembert la propofe à la République.

Je ne vous contredirai point fur tout ce que vous avancez pour rehauffer le mérite de la pudeur que la nature a donné en partage au beau sexe. Je suis de votre sentiment à cet égard, je la regarde comme le plus noble ornement des attraits féminins. Je suis persuadé qu'elle est naturelle à toutes les femmes jusqu'à un certain point, quoiqu'il soit vrai que l'éducation y ajoûte beaucoup. Je ne doute pas que les Sauvages même, qui n'ont point de honte de leur nudité, parce qu'ils ne sont pas assez corrompus pour en avoir, ne connoissent pourtant des bienséances qui équivalent toutes celles où notre corruption nous assujettit. Tout ce que vous dites à cet égard est très-digne d'un homme qui pense bien, je voudrois seulement que vous ne rendissiez pas la sagesse aussi rare & aussi austere que vous le faites. J'aime à la pouvoir rencontrer sous les lambris dorés, comme sous l'humble toit de la chaumiere.

Par exemple, n'est-ce pas outrer la matiere, que de soutenir » qu'il n'y a point de bonnes » mœurs pour les femmes hors d'une vie reti- » rée & domestique .... que toute femme qui » se montre se déshonore ». C'est refuser la pureté des mœurs à toutes celles qui ne vivent point dans la solitude & dans l'exercice des

occupations domestiques. Combien y en a-t-il
cependant, qui répandues par devoir & par
état dans le grand monde, y font admirer &
respecter leur vertu ? S'il est bon de remontrer
aux hommes leurs obligations, il est très
dangereux de les rendre trop méprisables à
leurs propres yeux. » La pudeur est, dites-
» vous, ignoble & basse dans les grandes
» villes, c'est la seule chose dont une femme
» bien élevée auroit honte, & l'honneur d'a-
» voir fait rougir un honnête homme, n'appar-
» tient qu'aux femmes du meilleur air ». Je ne
sais ce que vous entendez par *les femmes du
meilleur air*. Je suis obligé de croire que vous
voulez parler de celles que la Police met en
lieu de sûreté, malgré l'étalage de leurs habits
dorés, & les protections de leurs matrones ;
car c'est à celles-là seules qu'*appartient l'honneur de faire rougir un honnête homme*. Je ne
conviens pas non plus que *la seule chose dont
une femme bien élevée ait honte, soit la pudeur*.
Quel fruit de la meilleure éducation ! en vérité, MONSIEUR, c'est être possédé du
démon de la satyre.

Vantez tant qu'il vous plaira l'espece
d'esclavage

d'efclavage où les Anciens retenoient leurs femmes par jaloufie peut-être , exaltez leur affiduité au travail , leur vigilance & leur activité dans le détail du ménage , leur exactitude à fe lever de table après le fervice comme les Clercs de Procureurs ; mais laiffez-nous la fatisfaction de traiter les nôtres avec plus d'amitié , de tendreffe , d'égard & de refpect. Ne nous enviez pas le plaifir de profiter des charmes de leur converfation fur la fin du repas , & ne dites plus que ces ufages fi doux & fi innocens font caufe *que les mœurs des Vivandieres fe font tranfmifes aux femmes de qualité.* A votre façon de parler , j'ofe foutenir que le nombre des femmes de qualité que vous avez connu , n'eft pas confidérable.

Revenons aux Comédiennes ; auffi bien c'eft pour nous prouver qu'elles ne peuvent être honnêtes femmes que vous nous avez débité toutes ces belles chofes. Vous n'imaginez pas comment, au milieu de toutes les occafions de manquer à l'honnêteté où elles font expofées, il leur fera poffible de refter honnêtes. Tant qu'on ne changera pas de façon de penfer fur leur compte , il eft certain que le plus grand

K

nombre ne fe conduira pas avec toute la retenue qui feroit à fouhaiter ; mais comme il eſt
poſſible de remédier au préjugé , fur tout dans
un petit État comme Genève , où la fociété
eſt tellement unie , que le fentiment d'un feul
fait prefque celui de tout le monde , on ne doit
point défefpérer des foins qu'on pourroit prendre pour fe procurer un Spectale auſſi peu dangereux par la morale des piéces que par
l'exemple des Acteurs.

J'admire la bonté de votre cœur quand
vous êtes obligé de dire du mal de votre prochain. Vous voulez bien fuppofer qu'il foit
poſſible de trouver jufqu'à trois Comédiennes
qu'on puiſſe excepter du défordre général ; il
ne falloit pas citer l'Épigramme de Boileau
contre toutes les femmes de Paris, pour appuyer votre jugement. Ce bon mot , quoiqu'im-
pertinent & faux , étoit peut-être pardonna-
ble dans la bouche d'un critique affiché , mais
il eſt inexcufable dans la vôtre , parce que
vous parlez férieufement , & qu'on ne doit
pas vous permettre les licences qui font tolé-
rées dans une Satyre. J'ai tort , à la vérité, de
vous en faire des reproches , il y a longtems

que vous vous êtes mis au-dessus de toutes les remontrances. Vous penfez & vous agiffez pour vous feul. Puiffiez-vous être fatisfait de vous-même, quand tout le monde fe plaint de vous ! Au refte, fi, pour aiguifer la pointe de l'épigramme, vous ajoutez qu'on doit regarder comme une fuppofition qu'il foit poffible de rencontrer trois Actrices fages, *ce que vous n'avez jamais ni vû ni ouï dire ;* ne vous en prenez qu'au peu de connoiffance que vous avez parmi ces fortes de perfonnes. On vous en nommeroit en plus grand nombre fans épuifer toute la fageffe des différentes troupes du Royaume, fi le nom des unes ne faifoit le procès aux autres. Elles auroient au bout du compte mauvaife grace à prendre de l'humeur contre ce petit trait de calomnie, puifque vous annoncez que votre deffein eft de les décrier. Quiconque eft affez hardi pour écrire que les femmes de qualité ont des mœurs de Vivandieres, doit pouvoir dire impunément du mal des Comédiennes.

Après avoir bien déclamé en général contre la Comédie & les Comédiens, vous tirez d'abord des conféquences de tout le mal que vous

en dites pour les bannir de votre patrie : vous
en venez enfuite à un examen politique pour
convaincre vos Citoyens que le Spectacle
feroit auffi fcandaleux pour leurs mœurs, que
préjudiciable à leurs intérêts.

En calculant, comme vous faites, les ri-
cheffes des plus grandes villes du Royaume,
vous décidez que Genève leur étant inférieure
par le nombre des habitans & la quantité des
efpeces, il faudra que les Comédiens y meu-
rent de faim, ou que les habitans fe ruinent.
Je vous ai déja répondu à cette objection en
vous faifant voir qu'un État ne peut pas fe
ruiner quand fes thréfors ne fortent point de
chez lui, & qu'au contraire la circulation l'en-
richit. Je vous ai dit auffi qu'on aura les fujets
à meilleur compte que par tout ailleurs, lorfqu'on leur accordera les prérogatives dont j'ai
fait mention. Les appointemens au taux que je
les ai fixé, fuffiront pour l'entretien convena-
ble de la troupe.

Si vous fuppofiez qu'il fallût que tous les
fujets fe fiffent leur équipage de Théatre & de
ville, il eft conftant qu'ils auroient befoin de
très-groffes avances qui pourroient enfuite les

gêner par la retenue qu'il faudroit leur faire ;
mais vous engagerez des gens qui n'étant pas
au Spectacle depuis deux jours , auront tout
ce qui leur est néceſſaire. On ſait que quand
le fonds d'une garderobe eſt une fois fait , on
l'entretient à peu de frais. Ils y auront d'autant plus de facilité qu'il ne leur ſera pas permis
de porter des étoffes de prix à la Ville. Il faut
les aſſujettir à la loi ſomptuaire. Vous ne
croyez pas que cela ſoit poſſible. Pourquoi ?
» C'eſt en vain , *du moins vous le dites* , qu'on
» voudroit porter la réforme ſur le Théatre.
» Jamais Cléopatre & Xerxès ne goûteront
» notre ſimplicité. L'état des Comédiens étant
» de paroître , c'eſt leur ôter le goût de leur
» métier de les en empêcher. . . . . Vous vous
abuſez ici bien groſſiérement de vous imaginer
que les Comédiens ſeroient fâchés qu'on les
contraignît à ſe vêtir comme le reſte des Citoyens. La loi étant générale , ils ſeroient au
contraire flatés qu'on les comprit dans le nombre de ceux pour qui l'amour de la patrie l'a
dicté. S'ils cherchent à briller dans les autres
pays par la parure , c'eſt parce qu'il faut en
impoſer au petit peuple , & c'eſt par les yeux

qu'on le prend; encore ceux d'entr'eux qui pen-
sent un peu philosophiquement , aussi peu tou-
chés du mépris de la populace que de sa consi-
dération , se mettent au-dessus de l'obligation
que quelques autres s'imposent de s'habiller su-
perbement. C'est sans doute une nécessité pour
les Comédiens qui vont à la Cour , d'être mis
d'une maniere un peu distinguée ; mais c'est
par une raison toute contraire à celle des Acteurs de Province ; car c'est précisément pour
ne se point faire regarder. Qu'un Comédien
ordinaire du Roi aille à Versailles avec un habit galonné , il sera vêtu comme il doit l'être,
parce que tout est or & azur dans ce pays-là ;
à Genève il ne porteroit que du drap , & se
trouveroit tout aussi bien habillé , parce qu'il
auroit l'uniforme de ceux avec qui il seroit
obligé de vivre.

Il seroit d'autant plus aisé de les soumettre
chez vous à la loi somptuaire que vous auriez
certainement des gens raisonnables ; ils vous
auroient même obligation ; car vous leur facili-
teriez des épargnes dont ils se feroient un sort.
Leur état est à la vérité de paroître , mais c'est
en public , & non dans le particulier. Vous les

géneriez beaucoup fi vous prétendiez les obliger à faire parade d'une honnête fimplicité fur la Scene ; paffez cela , vous leur rendriez un très-grand fervice.

Pour donner plus de poids à la profcription que vous faites du Spectacle , vous y intéreffez la fûreté publique. *Il y auroit du danger à retarder à la clóture des portes , & il le faudroit , parce que le Genevois aime à aller refpirer l'air le plus pur dans fa petite retraite.* Mais quand aime-t-il à aller refpirer cet air ? L'été fans doute. Obligez les Comédiens à finir leurs repréfentations avant huit heures dans la belle faifon , fermez vos portes à huit heures & un quart , vous n'immolerez pas alors votre sûreté à vos plaifirs. En hyver , où tout le monde réfide en ville , vous ne changerez rien à vos coûtumes. Voilà tout obftacle levé ; on ira à la Comédie , & on refpirera l'air pur des petites retraites.

Quel incident ferez-vous naître encore pour faire valoir votre caufe ? Le voici : » Ce font » les généreux Citoyens qui verront avec in- » dignation ce monument du luxe & de la mol- » leffe , s'élever fur les ruines de l'antique fim-

» plicité , & menacer de loin la liberté publi-
» que ». Qu'a donc de commun la Comédie
avec la liberté publique ? Chacun des Genevois chérira-t-il moins fa patrie quand il ira
voir la repréfentation d'une bonne piéce où on
lui donnera même des leçons de patriotifme ,
que quand il ira à la chaffe ? A l'égard du *monument du luxe & de la molleffe* , les fages régle-
mens que nous fuppofons devoir accompagner
l'établiffement du Spectacle , empêcheront le
triomphe outré de ce monument. Soyez convaincu, MONSIEUR, que le nombre des
généreux Citoyens, dont vous parlez ici, ne fera
pas fi confidérable que vous nous ne le faites
entendre. Premierement tout le monde fait que
le goût de la Comédie eft général parmi vos
compatriotes. Secondement on n'ignore pas
que ceux qui y paroiffent encore oppofés, ne
feroient point fâchés qu'on leur arrachât un
confentement que la bienféance ne leur permet
pas d'offrir , ou de donner même avec facilité,
pour ne pas marquer trop peu d'attachement
aux anciens ufages. Enfin les femmes & les
filles profiteront avec plaifir d'un amufement
pour lequel on a lieu de croire qu'elles ont un

goût décidé.   Malgré tous les inconvéniens,
qu'elles ont rencontré ces dernieres années,
dans la fréquentation d'un Spectacle qu'il faut
aller chercher hors la ville , elles n'ont pas,
laissé de l'honorer de leur présence, dans les
tems même d'une chaleur excessive.

Vous vous retranchez toujours sur la pauvreté de votre République ; mais cette pauvreté n'a pas paru , au dire des Directeurs qui
vous ont conduit leurs troupes : ils ont très-
bien fait leurs affaires , & si on les en croit ,
ils ont presque gagné en quatre à cinq mois,
ce qui seroit suffisant pour solder celle que je
vous propose pendant tout le courant d'une année. Il ne sera donc pas nécessaire, comme vous
le craignez, » de lever des impôts, de réformer
» votre petite garnison , & de garder vous-
» mêmes vos portes. Il ne faudra point réduire
» les foibles honoraires de vos Magistrats, ni
» assembler vos Citoyens & Bourgeois en Con-
» seil général dans le Temple de St. Pierre, &c.
En mettant les choses au pire , quand vos
richards se cotiseroient pour aider cet établissement , sa perpétuelle stabilité dans
vos États empêcheroit qu'il n'en put résulter

aucun dommage pour le bien général & particulier.

Enfin vous fuppofez qu'il foit poffible qu'on
trouve quelque expédient propre à lever toutes difficultés, & vous ne laiffez pas de dire
qu'il s'enfuivra une révolution dans vos ufages, qui en produira néceffairement une dans
vos mœurs. Il eft vrai que vous ne décidez pas
fur le champ fi elle fera bonne ou mauvaife.
Vous vous mettez en devoir de l'examiner.
Nous verrons quelle fera la conféquence que
vous tirerez de vos remarques. Je commence
toujours par vous dire, qu'il eft abfolument
faux qu'il doive s'enfuivre *une révolution dans
vos mœurs*. Elle eft déja toute faite, puifque,
quoique la Comédie n'ait pas été encore admife dans l'enceinte de vos murailles, elle a
été jouée pendant fort longtems les années
paffées & celle-ci dans vos Fauxbourgs. Son
effet, quant aux mœurs, fera-t-il différent
parce qu'on n'aura pas la peine de fortir de la
ville pour y affifter ?

J'ai lu avec beaucoup d'attention, Monsieur, l'efpece de révolution que vous prétendez devoir être produite par l'introduction

d'une Comédie dans votre Ville ; elle fe réduit à faire perdre aux Genevois le goût des coteries dont vous faites la defcription. Je ne m'éleverai point contre ces fociétés ; je les crois très-eftimables, parce qu'elles font compofées de Républicains dignes d'eftime, mais j'avouerai de bonne foi, que malgré l'art avec lequel vous prétendez dérober leurs inconvéniens, ils ne laiffent pas d'être très-aifés à appercevoir.

La plus grande utilité que vous y remarquez, eft de raffembler les deux fexes féparément. Les hommes, par ce moyen, ne contractent pas des mœurs efféminées. Je vais avec votre permiffion tranfcrire ce que vous dites fur ce fujet :

» Cet inconvénient qui dégrade l'homme, eft
» très-grand par tout, mais c'eft fur-tout dans
» les états comme le nôtre, qu'il importe de
» le prévenir. Qu'un Monarque gouverne
» des hommes ou des femmes, cela lui doit
» être affez indifférent, pourvu qu'il foit obéi ;
» mais dans une République il faut des hom-
» mes...... On me dira qu'il en faut aux
» Rois pour la guerre. Point du tout. Au lieu

» de trente mille hommes, ils n'ont, par
» exemple, qu'à lever cent mille femmes ....
» elles se battent bien. .... Le secret est donc
» d'en avoir toujours le triple de ce qu'il en faut
» pour se battre, afin de sacrifier les deux au-
» tres tiers aux maladies & à la mortalité ».

Voilà un projet dont vous pouvez certainement vous faire les honneurs. S'il n'est pas
goûté, du moins fera-t-il rire. Je voudrois
bien que vous m'expliquassiez clairement
pourquoi votre République a plus de besoin
d'hommes qu'une Monarchie. Est-ce parce
que le nombre des femmes y est trop petit
pour pouvoir les enrôler à deux tiers de perte,
comme vous le proposez, inspiré sans doute
par un esprit d'humanité. Mais tous vos hommes & toutes vos femmes ensemble ne seroient
point capables de s'opposer à une usurpation,
si une puissance supérieure armoit contre vous.
Votre République subsiste à l'abri de la justice,
de la bonne foi, du droit des gens, elle subsiste en
un mot, telle qu'elle est, parce qu'on n'a rien à
prétendre dans ses États, & que quiconque
voudroit vous inquiéter, trouveroit de grands
obstacles dans les secours que l'équité des

autres Monarques vous prêteroit.   Ne me faites donc plus un pompeux étalage de la nécessité d'entretenir chez vos Citoyens l'humeur martiale, la force & la vigueur des Athlétes. Ne diroit-on pas que vous vous deftinez à la conquête du monde, ou que femblables aux Romains, vous allez difpofer des Couronnes? Que le Genevois continue fes exercices de la chaffe & de tout ce qui eft capable de le rendre adroit, fort & robufte , fa fanté & fes travaux y font intéreffés.   Mais n'allez pas lui faire envifager pour cela d'autres motifs que ceux qu'il adopte, il eft trop fage & trop ami de la raifon pour n'en pas plaifanter.

Si vos coteries font auffi utiles , & auffi agréables que vous nous le dites , je ne vois pas pourquoi la Comédie vous obligera de les interrompre. Vous profiterez de leurs avantages les jours qu'on ne jouera pas , la diverfité des amufemens vous rendra la vie plus gracieufe. Vous craignez qu'on en perde tout-à-fait le goût.   Pourquoi ?   On ne quitte pas aifément une douce habitude. Suppofons toutefois que cela arrive , je ne vois pas que le malheur foit bien grand ; je crois au contraire que vous y gagneriez. Vous n'êtes pas sans doute de mon sentiment, la raison en est fort naturelle, vous préférez les vices les plus à craindre dans la société à l'établissement d'une Comédie.

N'est-il pas honteux que vous deveniez, pour ainsi dire, l'apologiste de l'yvrognerie, pour nous prouver que ses effets sont moins pernicieux que ceux qui résultent du Spectacle?

Je serois au désespoir que les Genevois que je respecte, que j'estime & que j'aime, prissent en mauvaise part ce que j'ai à dire sur ce sujet. Je déclare avec toute la sincérité d'un honnête homme, que je suis bien éloigné de soupçonner leurs cercles aussi sujets à l'intempérance du vin que vous donnez lieu de le conjecturer. J'écris en conséquence de ce que vous dites, & non en conséquence de ce qu'ils font. Voyons comment vous nous les représentez.

» Les cercles d'hommes ont leurs inconvé-
» niens, sans doute; quoi d'humain n'a pas
» les siens? On joue, on boit, on s'enyvre,
» on passe les nuits; tout cela peut être vrai,
» tout cela peut être exagéré..... Laissons,

» s'il le faut , paffer la nuit à boire à ceux qui ,
» fans cela , la pafferoient peut-être à faire
» pis. . . . . L'excès du vin dégrade l'homme ,
» aliéne au moins la raifon pour un tems , &
» l'abrutit à la longue. Mais enfin le goût du
» vin n'eft pas un crime , il en fait rarement
» commettre (*rarement !*) Il rend l'homme
» ftupide & non pas méchant. Pour une qué-
» relle paffagére qu'il caufe , il forme cent
» attachemens durables. . . . . En Suiffe, l'y-
» vreffe eft prefqu'en eftime. . . . . Jamais
» peuple n'a péri par l'excès du vin. . . . . Ce
» vice détourne des autres , &c. » Que le bon
homme Silene eut ainfi parlé , il n'y auroit
rien d'extraordinaire ; mais que M. Rouffeau,
qui fe targue de philofophie , cherche à excufer un vice tel que l'yvrognerie , voilà ce qui
me fait écrier avec juftice : *O ftultas hominum
mentes & pectora cæca !*

Tout le monde eft trop prévenu contre cet
abrutiffement de la nature humaine , on en
connoît trop les funeftes effets , on a trop
d'exemples des fauffetés , des viols , des in-
ceftes , des incendies , des meurtres , & de
tous les défordres auxquels le vin a fouvent

donné lieu pour en entreprendre l'odieux détail. Je dirai feulement que s'il eft vrai que les coteries des hommes foient fujettes à ce mal funefte ; il eft à fouhaiter qu'un Peuple fi eftimable par mille beaux endroits, aboliffe des fociétés qui tôt ou tard le priveroient de l'eftime générale qu'on a pour fes vertus.

Le jeu eft encore un des abus que vous reprochez aux cercles, mais vous nous affurez que dès qu'on voudra mettre en honneur les jeux d'exercice & d'adreffe, les dez & les cartes tomberont infailliblement. J'en doute ; d'ailleurs il faut commencer par mettre en honneur ces jeux d'exercice. Confiderez auffi qu'il ne fait pas toujours un tems ni une faifon propre aux jeux d'adreffe. Les cartes & les dez font de tout tems & de toute faifon, comme les coteries.

Je compte pour rien les groffiéretés qui, dites-vous, font excufables parmi ceux qui difputent fans ménagement. » L'efprit ac- » quiert par-là de la jufteffe & de la vigueur, » & ce langage un peu ruftaut eft préférable „ encore à ce ftyle, &c.

Je

Je ne fais pas fi vos Concitoyens, même les plus contraires au Spectacle, ne le préfére-roient pas à vos cercles, fi par une suppofi-tion que je crois faufle, ils font fujets à tous les défagrémens de l'yvrefle, du jeu, & de la grofliéreté.

Parlons maintenant des coteries entre les femmes. Vous êtes obligé d'avouer » qu'on » accufe ces fociétés d'un défaut, c'eft de les » rendre médifantes & fatyriques.... Les » anecdotes d'une petite ville n'échappent pas à » ces comités féminins..... Les maris abfens » y font peu ménagés..... Toute femme » jolie & fêtée n'a pas beau jeu dans le cercle » de fa voifine. Je fens que dans une compa-gnie compofée de femmes feulement, il faut bien chafler l'ennui aux dépens de la réputation du prochain, toutefois vous trouvez » qu'il y » a dans cet inconvénient plus de bien que de » mal, & qu'il eft toujours inconteftablement » moindre que ceux dont il tient la place ; car, » *demandez-vous*, lequel vaut mieux, qu'une „ femme dife avec fes amies du mal de fon „ mari, ou que, tête-à-tête avec un homme, „ elle lui en fafle, qu'elle critique le défordre

,, de sa voisine ou qu'elle l'imite ? » Est-il donc nécessaire qu'une femme dise du mal si elle n'en fait pas ? Ce sexe est-il si fort enclin à la malice qu'il ne trouve point de milieu entre faire ou dire du mal ? Si cela est, croyez-moi, MON-SIEUR, joignez - vous à ceux qui veulent introduire la Comédie chez vous; elle y servira de passe-tems, & quand les Dames Genevoises n'auront rien de mieux à faire, on les entendra raisonner sur les Piéces, ou sur les Comédiens. L'honneur des maris sera en sûreté comme auparavant, & la médisance n'aura plus lieu.

La langue, dit le Sage, *a fait plus de meur-tres que le glaive.* C'est le fleau de l'amitié fra-ternelle, c'est une source de querelles & de differtions, je ne connois rien qui soit si fort à craindre. Les maux qu'elle cause sont d'au-tant plus grands qu'ils sont sans reméde, & qu'avec la meilleure volonté du monde pour réparer les torts qu'on cause au prochain, il est de toute impossibilité d'en arrêter le cours. Je ne parle pas de la calomnie, il s'agit ici de la médisance. Cette derniere est souvent plus à craindre que l'autre, par la raison qu'il est plus facile de détruire une accusation intentée fauſſement que de ſe laver de celle qui dévoile une véritable turpitude. Si vous aviez fait toutes les réflexions qui ſe préſentent en foule ſur cette matiere, vous vous ſeriez bien gardé d'autoriſer un vice ſi contraire à l'union & à la paix, en diſant : « Qu'on ne s'allarme » donc point tant du caquet des femmes. » Qu'elles médiſent tant qu'elles voudront, » pourvu qu'elles médiſent entre elles. » Croyez-vous de bonne foi que la médiſance mourra dans ſon berceau ? Ne vous y trompez pas, ſi dans leurs ſocietés il ne s'y rencontre point d'hommes, elles en voyent en rentrant dans leurs maiſons, & leur premier ſoin ſera de réjouir leurs maris des bons mots que l'hiſtoire du jour aura fourni. J'ignore ſi les aſſemblées dont nous parlons ſont fréquentes, mais je ſuis bien aſſuré que ſi c'eſt avec raiſon qu'on peut y reprocher l'habitude d'y ſatyriſer, on verra à la fin la diſcorde & la haine ſuccéder aux liaiſons d'amitié & de tendreſſe qui doivent unir des cœurs républicains.

Que diriez-vous encore, MONSIEUR, ſi j'oſois vous repréſenter qu'un ſentiment

presque général, autorise à croire que les
femmes se corrompent ordinairement les unes
par les autres ; que les petites confidences de
foiblesses, de caprices, de mécontentemens
qu'on a du mari, des hommages de tel Cava-
lier, que toutes ces ouvertures de cœur mettent une bonne amie dans la nécessité de plaindre ou de complimenter, & qu'elle le fait
toujours de la maniere qu'elle imagine devoir
être agréable à celle qui lui donne sa confiance ?

Qu'une femme sage & vertueuse commence
à sentir quelque inclination pour un homme qui
a trouvé le chemin du cœur, elle se condamne
intérieurement, & cherche à se distraire pour
couper court à une passion qu'elle connoît
dangereuse. Elle va chez sa tendre amie qui
s'appercevant d'une espéce d'inquiétude toujours inséparable de l'amour, y prend part,
interroge, & apprend le secret. Si par hazard
celle-ci a quelque chose à se reprocher elle
ne sera pas fâchée de faire enrôler le mari de
sa compagne sous les étendarts du sien, parceque, comme l'on sait, la sagesse de l'une fait
rougir l'autre. Elle flatera donc adroitement

le penchant dont on vient de lui donner connoiffance. Qu'en arrivera-t-il ? Cette perfonne
qui en entrant chez fa voifine n'avoit pas encore ofé permettre à fon imagination de s'entretenir d'un objet trop cher, en fortira pour ofer
fe permettre un tête-à-tête avec ce nouvel
amant. Ce que je dis à cet égard pourroit
s'appliquer à mille autres circonftances qu'il
eft inutile de détailler ; elles fe fentent aifément. J'en reviens à ma propofition, & je
crois pouvoir affirmer qu'à moins d'une vertu
à toute épreuve entre des femmes qui font
habitude journaliere de fe fréquenter, il eft
à préfumer que les mœurs de l'une perverti-
ront celles de l'autre. Combien de perfonnes
feront dans le cas de convenir avec elles-
mêmes de cette vérité !

N'allez pas au refte me faire un crime de la
liberté que je prends, lorfque je fais envifager
les abus dont vos cercles font fufceptibles.
Vous y avez donné lieu en voulant les pallier.
On fe reffouviendra d'ailleurs de ce que j'ai
hautement déclaré; mon intention n'eft pas
de les critiquer tels qu'ils font, mais tels qu'ils
peuvent être, & tels enfin que vous les faites.

La caufe que je défends ne me permet pas de garder le filence fur des faits qui prouvent évidemment que la Comédie feroit utile , & néceffaire même dans une Ville où certains amufemens oififs peuvent tirer à conféquence,

Vous me direz à cela que ma prévoyance eft trop étendue , que le mal n'eft pas auffi grand que je le fais , que le Gouvernement faura y mettre ordre quand il s'y croira obligé; & que tout au plus on apperçoit le germe du vice , je vous répondrai moi :

Principiis obfta , ferò medicina paratur
Cum mala per longas invaluere moras,

C'eft , me ripofterez-vous , perdre à l'é-change que de fubftituer la Comédie aux cote-ries. Vous favez bien que je n'en conviendrai pas , parcequ'en vérité je ne crois pas le de-voir. Je puis me tromper , mais j'imagine avoir fuffifamment rempli la tâche que je m'étois prefcrite , quand j'ai mis la main à la plume pour convaincre mes lecteurs que la Comédie eft honnête , utile , néceffaire même. Si je me fuis étendu fur les fruits que votre Patrie en recueilleroit, *hæc fcripfi non otii abundantiá , fed amoris erga te.* C.

Il ne me feroit pas impoffible de faire encore de plus grandes differtations, & de pointiller fur toutes les raifons que vous faites valoir contre les Spectacles dans les dernieres feuilles de votre Ouvrage; mais elles font détruites dans le courant du mien, & je ferois obligé de me répéter. Toutes vos objections roulent fur l'impoffibilité qu'il y a d'avoir une troupe d'honnêtes gens, fur le danger de la mauvaife morale des Piéces, fur le goût de parure qui fe communiqueroit du Comédien au Citoyen, fur la pauvreté de la République, fur la crainte de voir attenter à la liberté, fur le changement des gouts & des ufages, fur ce que le métier de Comédien eft deshonnête par lui-même, & enfin fur le peu de convenance qu'il y auroit à mettre cet état au niveau des autres. Aucune de ces chofes ne m'a échappé, & j'ofe dire, qu'excepté les efprits prévenus, on me rendra peut-être affez de juftice pour avouer que la vérité feule m'a infpiré.

En interdifant la Comédie, vous voulez multiplier les fêtes publiques. Ces fortes de réjouiffances, telles que vous les indiquez font fort à mon gré , & je fouhaiterois qu'elles fuffent à celui de tout le monde ; mais malheureufement elles ne plairont pas univerfellement. Il faut plier au tems. Si le Genevois conferve une efpéce d'attachement à fes anciennes coutumes , s'il aime à fe raffembler pour affifter au prix du Canon ou de l'Arquebufe , c'eft parceque ees fortes de parties de plaifir ne font pas fréquentes. Multipliez-les , elles engendreront l'ennui , & bientôt le dégout. Il faudroit pour fe contenter de ees Speƈtacles n'en avoir jamais vu d'autres. Je mets en fait que fi on donnoit feulement une fois par mois un Carroufel , & qu'on fut que eet établiffement dût être durable , on s'apperⱺevroit dès le fixieme,par le peu d'affluence des fpeƈtateurs , de l'inutilité de cette tentative , quelque varieté même qu'on eut foin d'y apporter. Il n'eft pas furprenant que dans la belle faifon on fe faffe un plaifir d'aller deux ou trois fois à une promenade que le concours du peuple rend vivante & agréable ; mais cela peut-il fuffire pour tenir lieu des amufemens qu'on recherchera pendant l'efpace d'une année ?

Obfervez encore que ces divertiffemens ex-
pofent les mœurs à une partie du déréglement
que vous attribuez aux repréfentations des
piéces Théatrales. Ils raffembleront l'un &
l'autre fexe, c'eft ce que vous ne voulez pas.
Vous n'empêcherez point » l'expofition des
» Dames & Demoifelles parées tout de leur
» mieux & mifes en étalage ; l'affluence de la
» belle jeuneffe viendra de fon côté s'offrir en
» montre. » Si cela vous a paru très-perni-
cieux quand il a été queftion de la Comédie,
je trouverai un furcroît de danger dans ces
promenades trop réitérées, par la facilité
qu'elles procureront aux jeunes perfonnes de
faire des échappées à la faveur des excufes
que la foule pourra leur fournir. Croyez-vous
en outre que l'affemblée fe féparera fans quelques unes de ces querelles qui quelquefois
vont jufqu'à l'effufion du fang, car enfin on y
boira, & le vin fait à Genève le même effet
que partout ailleurs ? On faura, me direz-
vous, contenir le peuple, vous aurez befoin
alors d'avoir recours à une garde, voilà des
Soldats armés, voilà conféquemment *une*
affligeante image de la fervitude & de l'inéga-

lité, contre laquelle vous vous êtes récrié, lorſque vous avez mis au nombre des déſagrémens de la Comédie, celui d'y voir quelques ſentinelles que la Police oblige d'y placer.

Peut-être ſeroit-il encore à propos de mettre en ligne de compte l'eſprit de diſſipation que le peuple rapporte de ces *vogues*. Je ne ſais s'il faut juger de vos Concitoyens par les autres nations, mais on remarque que le lendemain & même pluſieurs jours après ces réjouiſſances tumultueuſes, l'ouvrier réprend ſon travail avec répugnance. La machine eſt pour ainſi dire ébranlée, elle ſe remet avec peine. Cette obſervation mérite certainement plus d'attention qu'on ne s'imagine.

Ce que vous dites des Bals me donneroit lieu de croire que pourvu qu'on veuille exclure la Comédie de chez vous, peu vous importe quelle eſpéce de Spectacle on y admette. Je ſuis partiſan de tous les plaiſirs honnêtes, & je condamne l'auſtérité des cenſeurs qui veulent faire d'une Ville un antre de bêtes farouches. Vous concevez par conſéquent que je ne m'éleverai point contre les Bals qui vous plaiſent ſi fort, ils ont leur uti-

lité , & ne duſſent-ils ſervir qu'à entretenir le
gout d'un Art ſi propre à déployer & faire
reſſortir les graces que la nature a donné à l'un
& à l'autre ſexe, c'en ſeroit aſſez pour les
faire adopter par tous ceux qui ne regardent
point avec indifférence tout ce qui peut contribuer à l'utilité & au plaiſir du plus parfait
ouvrage du Créateur.

La danſe n'eſt aſſurément pas condamnable
en elle-même, & ſi elle a produit quelquefois
de funeſtes effets , tels que le meurtre de
Jean-Baptiſte & d'autres forfaits , il n'en faut
pas conclure comme les ignorans cagots qu'elle
ſoit criminelle. Les meilleures choſes peuvent
devenir pernicieuſes. Le plus excellent vin
pris avec intempérance a ſouvent donné la mort
comme le poiſon. Faut-il pour cela arracher
les vignes ? Qu'on crie tant qu'on voudra contre les abus , & qu'on cherche à y remédier ,
voilà qui eſt le mieux du monde ; mais qu'un
zèle fanatique ne s'applaudiſſe pas de ſes extravagances , quand il armera l'enfer contre
des arts , qui n'ont rien que de très-eſtimable
en eux-mêmes.

Le premier uſage qu'on a fait de la danſe

a été pour rendre hommage au Créateur. La Loi Judaïque l'avoit ordonné dans les fêtes folemnelles. Les Hébreux dans les tranfports de leur reconnoiffance fe mirent à danfer pour remercier Dieu qui les avoit délivré du joug des Egyptiens en leur faifant un paffage au milieu de la mer Rouge, Moïfe & fa fœur donnoient l'exemple. David danfa devant l'Arche d'Alliance. Les Prêtres & les Lévites danfoient toutes les fois que le peuple de Dieu avoit reçu de lui quelque bienfait fignalé. C'eft par cette raifon qu'une partie des Temples Juifs étoit conftruite en forme de Théatre. Les Chrétiens de la primitive Eglife au milieu des perfécutions, qui faifoient tomber des milliers de Martyrs fous le glaive des bourreaux, étoient obligés pour fe fouftraire à la mort, de s'éloigner des Villes & d'aller fe cacher dans les montagnes & les déferts, d'où ils fe donnoient des rendez-vous pour fe raffembler les jours de fêtes, & cette pieufe Confrairie danfoit en chantant les louanges du Dieu, dont on vouloit abolir le culte.

Quand le calme fut rendu à la Religion, on éleva des Théatres dans les Eglifes, comme

l'avoient fait les Juifs , on voit encore aujour-
d'hui la vérité de ce que j'écris dans celles de
St. Clément & de St. Pancrace à Rome. (a)

On appelloit autrefois les Évêques *Præfules*,
& le docte Scaliger prétend que ce nom ne
leur avoit été donné , que parcequ'ils me-
noient la danfe dans les feftivités. Il eft certain que l'étymologie du mot femble le marquer. *A præfiliendo*.

J'aurois trop à faire s'il falloit citer tout ce
que les Auteurs facrés & profanes écrivent
en faveur de la danfe , il fuffit d'ajouter que
dans le Rouffillon on exécute encore des dan-
fes pieufes en l'honneur de nos Myfteres, que

(*a*) La remarque des Théatres élevés dans les
Eglifes Chrétiennes me donne lieu de citer ici un
fait affez fingulier , rapporté au Tome I. des recher-
ches pour fervir à l'Hiftoire de Lyon , page 148.
le voici mot à mot.

Quelques années auparavant , le Confulat avoit ac-
cordé aux Auguftins la permiffion de faire bâtir un
grand Théatre aux Terreaux , fur les Foffés de la Porte
de la Lanterne , pour y jouer la vie de St. Nicolas
de Tolentin. C'étoit alors une œuvre fi méritoire dans
l'opinion commune , que l'Eglife de Lyon avoit affigné
une fomme de 60 livres pour être partagée entre ceux
qui repréfenteroient devant le public les Myfteres de
la Paffion de Nôtre Seigneur.

le Cardinal Ximenés rétablit à Toléde l'ufage
de danfer dans les Eglifes, & qu'il n'y a pas
foixante ou quatre-vingts ans que les Prêtres
& le Peuple danfoient dans le chœur de St.
Léonard à Limoges. Ceux de mes Lecteurs
qui voudront être plus particulierement inftruits fur l'origine & les progrès de la danfe,
peuvent avoir recours au Traité de Mr. de
Cahufac, dont j'ai tiré ces Anecdotes. On
voit clairement qu'elle n'a rien dans fon principe qui doive la rendre méprifable. Comme
tout dégénere, on a été obligé d'abolir ce
genre de Cérémonie dans nos Temples, mais
ce qui devenoit peu féant dans le lieu faint,
peut être & eft effectivement très-honnête
dans nos Salles.

Vous avez donc raifon de confeiller les Bals
aux Genevois, cependant comment avez-vous
pu le faire? Ne craignez-vous pas la licence
des rendez-vous nocturnes? Que de maux pré-
tendus n'auriez-vous pas fait envifager, fi
d'autres que vous avoient fait cette propofition! Galanterie, efprit de coquetterie, atti-
tudes indécentes, defir de voir & d'être vû,
matiere à jaloufie, innovation, tout cela nous

auroit fourni un autre Volume. Heureufement
c'eft de vous que le confeil eft parti, nous en
ferons quittes pour la peur. J'aurois un triomphe bien complet fi je voulois abufer en cette
circonftance de la prife que vous me donnez
fur vous, je n'en ferai rien. Savez-vous pourquoi? Il feroit trop facile. Il n'y a perfonne
qui ne reconnoiffe à ce dernier trait que l'a-
nimofité, l'humeur & l'efprit de contradiction
ont été vos guides.

Il ne vous a pas été poffible d'étouffer le
témoignage de votre confcience, & vous avez
juftement préfumé qu'on vous feroit ce reproche. Comment cela auroit-il pu être autrement? Vous fentiez bien que vous le méritiez.
Une note vous a femblé un fubterfuge honnête
& fuffifant. Voyons-la.

» Il me paroît plaifant d'imaginer quelque-
» fois les jugemens que plufieurs porteront de
» mes goûts fur mes écrits. Sur celui-ci l'on
» ne manquera pas de dire : cet homme eft fou
» de la danfe, je m'ennuye à voir danfer : il
» ne peut fouffrir la Comédie, j'aime la Co-
» médie à la paffion : il a de l'averfion pour les
» femmes, je ne ferai que trop bien juftifié

» là-deſſus : il eſt mécontent des Comédiens ,
» j'ai tout ſujet de m'en louer , & l'amitié du
» ſeul d'entr'eux que j'ai connu particuliere-
» ment ne peut qu'honorer un honnête homme.»

Si je juge de vous par vos écrits celui-ci
m'apprendra qui vous êtes à préſent , & quel
vous avez été autrefois. Je ne vous crois point
fou de la danſe, nous ſavons bien pourquoi
vous l'autoriſez. Il ſe peut faire que vous ayez
aimé la Comédie *à la paſſion* , mais ,

Autres tems , autres lieux , tout a changé de face.

Depuis la déplorable chute de l'Amant
de lui-même que vous aviez fait & qui fut
donné pour la premiere & derniere fois au
Théatre François le 18 Décembre 1752. les
Comédiens ont ceſſé d'être vos amis. Quelqu'injuſte que ſoit votre courroux , voilà ſa
cauſe. Il ſeroit peut-être plus glorieux pour
vous de n'avoir pas marqué une ſi grande ſen-
ſibilité pour Narciſſe ; je vous excuſe cependant.
Quel pere n'eſt pas idolâtre de ſes enfans ?
Vous auriez dû encore obſerver qu'un Philo-
ſophe doit être conſéquent, & c'eſt aſſurément
manquer à l'être que d'écrire aujourd'hui comme vous faites contre la Comédie , & le
Comédien,

Comédien après avoir travaillé pour l'un &
pour l'autre. Je vous accorde qu'*il ne vous foit
que trop aifé de vous juftifier de l'averfion qu'on
pourroit foupçonner que vous avez pour les femmes.* Vous prouverez tout au plus que vous les
avez aimé autrefois. Les pourriez-vous aimer
au moment que vous écrivez ? Je m'en rapporte à vous-même. Voici la derniere phrafe
de votre Préface : *Lecteur fi vous recevez ce
dernier ouvrage avec indulgence vous accueillirez
mon ombre : car pour moi , je ne fuis plus.*
Eft-il étonnant que vous difiez du mal des femmes , la reconnoiffance pourroit peut - être
vous y engager ; favoir comment elles vous
ont traité.

Vous n'êtes point, affurez-vous , *mécontent
des Comédiens, & l'amitié du feul d'entr'eux que
vous avez connu ne peut qu'honorer un honnête
homme.* Si cela eft, quelle injuftice eft la vôtre,
de vilipender autant qu'il eft en vous tout un
Corps qui ne vous a donné que des fujets de
vous louer de lui ! Vous êtes donc bien condamnable d'en avoir dit tant d'horreurs , n'a-
yant connu qu'un feul de fes membres , dont
l'amitié pouvoit honorer un honnête homme.

Pourquoi n'avoir pas fuppofé que celui que vous fréquentiez n'étoit point feul d'un fi eftimable commerce? Vous deviez au contraire augurer favorablement du tout par la partie. C'eut été du moins le propre d'un efprit bienfait, & d'un bon cœur; mais à vous en croire fur votre parole, » l'amour du bien » public eft la feule paffion qui vous fait parler » au public, vous favez alors vous oublier » vous-même, & fi quelqu'un vous offenfe, » vous vous taifez fur fon compte, de peur » que la colere ne vous rende injufte. Cette » maxime eft bonne à vos ennemis en ce qu'ils » vous nuifent à leur aife & fans crainte de » repréfailles; elle eft bonne aux Lecteurs qui » ne craignent point que votre haine leur en » impofe, & fur-tout à vous, qui reftant en » paix tandis qu'on vous outrage, n'avez du » moins que le mal qu'on vous fait, & non » celui que vous éprouveriez encore à le » rendre. . . . . . .

Ces fentimens font beaux, la théorie en eft admirable, la pratique en feroit adorée. Faut-il fe donner en matiere de conduite des démentis auffi marqués que vous le faites ?

L'amour du bien public vous a infpiré fans doute lorfque vous avez fait l'énumeration de tous les rifques qu'on courroit à hanter les Speftacles. Ils étoient capables d'introduire la molleffe, ils auroient raffemblés les hommes & les femmes; & le ton *ruftaud* que vous préferez à celui de la bonne compagnie auroit pu fe perdre. C'eft affurément pour perpétuer des moeurs dures, pour éloigner une fréquentation trop fenfuelle des deux fexes, & pour conferver ce ton *ruftaud* que vous indiquez les Bals. Si j'ofois douter que vous foyez digne des louanges que vous vous prodiguez dans cette note, je ferois du moins convaincu de la vérité de ces mots : *je fais m'oublier moi-même.*

Votre modération vis-à-vis vos ennemis eft fans contredit la marque d'une belle ame, mais n'en feroit-ce pas une preuve bien plus grande de ne s'en point faire ? Quoi vous ne retirerez d'autre falaire de vos talens que celui de vous faire haïr ? La vérité, me répondrez-vous, fait des ennemis. Cette maxime auroit befoin d'être développée, on peut parler & écrire vrai, fans choquer perfonne. Vous aimez à donner des leçons de morale, faites-le, c'eſt un ſervice que vous rendez aux hommes, ils en ont beſoin, mais que le fiel n'infecte pas vos écrits. Chacun a ſa façon de penſer. Les Spectacles ne ſont point de votre gout, dites-le, prouvez même ſi vous le pouvez qu'ils ſont pernicieux, du moins n'héſitez pas à déclarer que c'eſt votre ſentiment, mais gardez-vous de rendre odieux ceux qui ne ſont pas de votre avis. N'accablez point d'injures les plus atroces, les victimes d'un préjugé faux & inhumain, qui peut-être gémiſſent que la fortune les ait réduit à embraſſer un état que l'ignorance & la cabale proſtituent, qui voudroient par leurs exemples faire revenir de l'injuſte opinion qu'on a ſi déraiſonnablement conçu d'elles, qui peut-être enfin vous eſtiment, & que vous forcez, de vous déteſter.

Croyez-vous que vos préceptes & vos remontrances euſſent fait moins d'effet ſur l'eſprit de vos Lecteurs, ſi vous vous étiez privé de l'ignoble ſatisfaction d'apoſtropher ſi indignement les Comédiens, lorſque vous inſinuez que ceux qui tiennent l'emploi des valets , feront facilement enclins à couper la bourfe ? Je ne rapporte pas ici vos propres termes , je l'ai dejà fait. Vous imaginez-vous que votre livre auroit eu moins de poids quand vous n'auriez pas dit que vous n'avez jamais vu ni oui dire qu'il y eut trois Aftrices vertueufes ? Au contraire on y auroit cherché la raifon , & l'on eft perfuadé qu'on n'y rencontrera que déloyauté. *Si mes écrits,* dites-vous , *m'infpirent quelque fierté, c'eft par la pureté d'intention qui les diête.* Ha, MONSIEUR ! n'oubliez jamais cette utile & fublime fentence de Ciceron , que le Speêtateur a mis à la tête de fon article de la médifance. *Plus vous êtes éloigaé du vice , plus vous devez être retenu dans vos paroles.* (a) Ce n'eft point en révoltant l'efprit qu'on touche le cœur. La conviêtion emprunte toute fa force de la douceur & de la modération. Quiconque en attaquant les vices fe complait à déchirer impitoyablement les vicieux ne paffera jamais que pour un vil délateur. Quel jugement portera-t-on de celui

____

(a) Quantùm à rerum turpitudine abes , tantùm te à verborum libertate fejungas. *C.*

qui molefte également l'innocent & le coupable ?

Vous finiffez le livre qui a donné matiere à
mes repliques, par un fouhait digne d'un bon
Citoyen. Vous voudriez qu'on rappellât au
fein de la patrie tous ceux qu'elle a vu naître
& qui habitent les pays étrangers. Ils ont fans
doute contracté un genre de vie bien différent
de celui qui vous leur propofez ; en font-ils
moins bons ? A en juger par l'eftime qu'ils ont
acquis dans les lieux qu'ils ont adopté, ils
ont confervé la pureté des mœurs & la bonté
de cœur qui fait l'appanage des Genevois ; ils
y ont ajouté peut-être une délicateffe un peu
recherchée dans le commerce habituel. Je ne
vois pas qu'ils foient à blâmer. Ils jouiffent
des agrémens d'une vie délicieufe ; procurez-
leur ces mêmes avantages, ils reviendront
bientôt refpirer l'air natal ; mais ne vous
imaginez pas pouvoir y réuffir en entretenant
une auftérité qui n'eft plus de faifon. L'amour
de la patrie quelque fort qu'il puiffe être ne
l'emportera jamais fur l'habitude qu'ils fe font
faite d'écarter d'eux tout ce qui fe reffent de
la rudeffe. Au furplus commencez par leur

montrer l'exemple , vous qui cheriffez fi tendrement au milieu de la France les innocents plaifirs de votre patrie. Rendez-lui un témoignage authentique de votre amour & de vos refpects , en lui reftituant un Citoyen qui lui fait honneur , & qui lui en feroit encore plus s'il vouloit. N'alléguez point pour lui ravir les hommages qui lui font dûs , *que vous y êtes inutile.* Ce trait de modeftie ne s'accorde pas avec tous les éloges que vous croyez mériter & que vous vous prodiguez. Vous y prêcherez d'exemple , & cette façon de préconifer la vertu l'emporte de beaucoup fur les plus beaux difcours & les meilleurs écrits. Qui fera donc utile dans votre pays , fi vous ne le pouvez être ? Une République comme la vôtre tirera un bien plus grand avantage du modéle que vous lui fournirez , qu'un Royaume immenfe , où il eft prefqu'impoffible de ne pas être confondu. Chacun de vos exilés volontaires peut fe prévaloir du même prétexte d'inutilité dont vous faites ufage ; perfonne ne reviendra donc pour revoir fes Dieux pénates ? Rendez-vous , croyez-moi , à des raifons auffi folides que celles-ci , & puiffent Mrs.

les Genevois en profitant de vos lumieres, vous communiquer leur aménité.

Il eſt tems de finir, je ne le puis mieux qu'en confirmant tout ce que j'ai dit par l'autorité d'un homme de condition qui joignant les lauriers de Mars à ceux d'Apollon, a laiſſé un monument à la poſtérité de l'eſtime qu'il faiſoit des Comédiens, & du deſir qu'il avoit de les voir jouir de la conſidération que beaucoup d'entre eux méritent. C'eſt Mr. de Vaure qui s'explique ainſi dans ſa Préface du faux Savant.

» Le François ſi éclairé en tant de choſes
» ſeroit-il le ſeul qui n'oſeroit faire uſage de ſa
» raiſon ? Pourquoi déſaprouvons-nous l'état
» de Comédien ? Qu'a-t-il de deshonorant,
» de condamnable ? Quoi ! peindre les paſ-
» ſions, exciter l'admiration, émouvoir, atten-
» drir, étonner, corriger, inſtruire ſon ſiécle,
» amuſer, divertir les honnêtes gens, ſeroit
» une baſſeſſe ? Confondrons - nous toujours
» nos idées. Diſtinguons les ſiecles, les motifs. »

» Lorſque dans les premiers tems on s'eſt
» ſoulevé contre les Spectacles, la Comédie
» faiſoit partie du culte des faux Dieux ; elle

» perpétuoit l'idolâtrie ; fon langage étoit obf-
» cene, les actions des Mimes, des Pantomi-
» mes, des Sauteurs, des Bâteleurs, con-
» fondus mal-à-propos avec les Comédiens,
» étoient des farces également groffieres, &
» indécentes ; les poftures lafcives y attiroient
» la foule. Il devoit conféquemment réjaillir
» de la honte fur ceux qui donnoient au peuple
» ces images de turpitude. »

» Ces mêmes raifons ont autrefois animé
» nos légiflateurs. Mais aujourd'hui, le Théa-
» tre devenu le fleau du ridicule, des folies »
» des vices, l'école de la vertu, rendons notre
» eftime & notre amitié à ceux & à celles qui
» fe diftinguent dans un Art, où pour exceller
» il faut réunir toutes les qualités du corps,
» du l'efprit, & du cœur ; ne voyons-nous
» pas les perfonnes les plus auguftes par leur
» naiffance, trouver un plaifir bien vif à repré-
» fenter fur la Scéne ? Mais, dit-on, ils s'en
» amufent, ils n'en reçoivent aucun produit ;
» c'eft au contraire une dépenfe pour eux. Si
» les Comédiens étoient nés avec de la fortune,
» ils agiroient de même. Je demande quelle
» eft la profeffion dans le monde où le falaire

» n'eſt pas joint à la gloire ? Pourquoi donc
» fera-t-il deshonnête d'être payé en exerçant
» un Art pénible, utile, & glorieux ? La
» faculté de penſer eſt - elle incompatible avec
» la vivacité Françoiſe ? »

» Si je voulois fortifier mon raiſonnement
„ par des exemples, la Gréce entiere, Athé-
„ nes, où tout l'eſprit Attique ſembloit s'être
„ retiré, me fourniroit une infinité de gens
„ de qualité, Ambaſſadeurs, Généraux, Ma-
„ giſtrats & Comédiens. (*) Quand la forme du
„ Gouvernement de ces fameux Républicains
„ changea, les Rois répandirent à pleines
„ mains les honneurs & les récompenſes ſur
„ les Acteurs.

„ Les Romains les chérirent, les enrichi-
„ rent. (**) Si le Sénat fit quelquefois des
„ décrets contr'eux, la dépravation de leurs
„ mœurs les occaſionna, & non le vice de
», leur profeſſion. Dans d'autres circonſtances,
„ les maximes d'État les condamnerent, comme

(*) Ariſtodemus fut Ambaſſadeur, Archias Général,
Eſchius & Ariſtonicus Sénateurs, &c.
(**) Eſope laiſſa à ſon fils près de deux millions.
Roſcius avoit par an 6500 écus. Lucullus donna ſouvent
à tous les Acteurs des robes de pourpre.

„ ayant eu trop de part à la confidence de
„ certains Empereurs profcrits. La tranquillité
„ rétablie , les Céfars abolirent les Loix fai-
„ tes contr'eux , & en firent de nouvelles en
„ leur faveur.

„ L'art de la déclamation étoit fi confidéré à
„ Rome , que les jeunes gens de la plus haute
„ naiffance , fe mêloient parmi les Comédiens,
„ récitoient avec eux devant le peuple ; & ces
„ mêmes peres qui condamnoient à la mort
„ leurs enfans , pour avoir vaincu fans leurs
„ ordres , les accabloient de careffes & de
„ préfens quand ils avoient mérité des applau-
„ diffemens. Ces graves Romains étoient liés
„ avec les Acteurs d'un commerce étroit ; Ci-
„ ceron , ce pere de la Patrie , étant Conful,
„ paffoit une partie du tems que fes importan-
„ tes occupations lui laiffoient , avec Efope &
„ Rofcius fes amis ; il publie que c'eft d'eux
„ qu'il a appris l'art de parler en public. Ce
„ même Rofcius obtint l'anneau d'or , & le
„ rang de Chevalier Romain , fans abandon-
„ ner le Théatre. (*Sans abandonner le Théa-*
„ *tre !*)

„ Mais devons-nous chercher des exemples

„ dans les siécles éloignés ? Le nôtre en pro-
„ duit de très-dignes d'imitation ; les Anglois
„ que j'ai déja cités : peut-on trop citer les
„ bons modéles ? Cette nation profonde , si
„ respectable , aussi savante que guerriere ,
„ fait non-seulement sentir les effets de sa bien-
„ veillance & de sa générosité aux Acteurs &
„ aux Actrices célébres pendant leur vie, mais
„ encore après leur mort ; les gens qualifiés
„ les accompagnent au tombeau ; on décore
„ leur sépulture , on les honore de regrets &
„ d'éloges publics.

„ Regardons un bon Comédien qui a des
„ mœurs , comme un personnage estimable ,
„ aussi agréable que nécessaire à la société ».

Cette apologie est , je crois , plus que suffi-
sante pour contrebalancer le poids de votre
satyre. Si j'ai passé sous silence dans le cours
de ce petit Ouvrage les citations favorables
dont Mr. de Vaure fait usage, c'étoit pour ne
leur rien ôter de leur force & de leur valeur
dans les écrits d'un homme aussi recommanda-
ble. J'ignore quel jugement on portera du motif
qui m'a mis la plume à la main , & de la maniere dont j'ai défendu un état que je n'ai pas

regardé du même œil que vous ; mais je suis très - intimément perfuadé qu'on mettra toujours cette différence entre nous deux, favoir, que vous avez abufé de vos talens pour dire & faire, de propos délibéré, toute forte de mal à votre prochain, fans qu'il fe le foit attiré, fur-tout de votre part, & que moi au contraire, fi dans la vivacité d'une imagination juftement indignée, j'ai cherché à repouffer à mon corps défendant les traits dont vous vouliez nous accabler, on s'apperçoit aifément que je ne vous ripofte qu'à regret, & que mon plus grand chagrin actuellement eft d'avoir eu à démafquer un homme que j'aurois voulu pouvoir eftimer, aimer & louer tout à la fois.

F I N.

ERRATA.

PAge 25. *ligne* 5. les sujets, *lisez* ces sujets

P. 36. *l.* 5. ces fortes des gens, *lisez* ces fortes de gens.

P. 45. *l.* 7. les exemples, *lisez* ces exemples

P. 58. *l.* 17. les tems péramens, *lisez* les tempéramens

P. 78. *l.* 20. content, *lisez* contens

P. 82. *l.* 14. tout Mifantrope qu'il, eft, *lisez* qu'il eft,

P. 132. *l.* 1. les grands talens aviliffent, *lisez* annobliffent

P. 147. *l.* 10. qu'au peu de connoiffance, *lisez* connoiffances

P. 151. *l.* 8. retarder à la clôture, *lisez* retarder la clôture